性格はどのようにして決まるのか

遺伝子、環境、エピジェネティックス

土屋廣幸

新曜社

推薦の言葉

積山　薫
（熊本大学文学部認知心理学研究室）

21世紀は遺伝子の時代ともいわれる。2003年のヒトゲノム計画の完了により、ヒトのDNA塩基配列がほぼ解読され、さまざまな病気に対して遺伝子治療の道が開かれようとしている。人の行動や性格が遺伝と環境によってどのように決まるのかという古くからの問いに対しても、こうした遺伝学のめざましい発展が新たなアプローチを可能にしている。

本書において、著者の土屋廣幸氏は、生後2日の赤ちゃんにすでに性格の違いの萌芽がみられるというご自身の定量的研究を出発点に、遺伝と環境の相互作用を物質レベルで説明するエピジェネティックスという概念を紹介している。エピジェネティックスとは、環境がDNAの性質を変化させることで、これによって遺伝子が作用を発揮したり、発揮しなかったり、その程度が変わったりするという。性格に影響する遺伝子としては、脳内の神経伝達物質、ホルモン、脳由来神経栄養因子などに関連した遺伝子がいろいろと見つかっていて、それらの遺伝子の発現に、エピジェネティックな調節機構が働いているという。そして、子どもの時期に起きるエピジェネティックな変化は、次の世代まで引き継がれるというから、獲得形質は遺伝しないと教科書で習った私の世代からすれば、生物学の進歩は隔世の感がある。

私と土屋氏との出会いは、数年前に東大で開催された日本赤ちゃん学会の年次大会であった。大会のメインイベントであるシンポジウムにおいて、ひとりの男性が「熊本にある福田病院の小児科医で土屋と申します」と大きな声で矢継ぎ早に質問をされ、それが本質的な質問であったため、会場にちょっとした衝撃が走ったことを鮮明に記憶している。地元熊本にこんな人がいるのかと、思わずシンポジウム後に土屋医師を呼び止め、生協食堂でお昼をご一緒したのがお付き合いの始まりであった。

本書の推薦のことばを依頼され、不適任であることを承知でお引き受けすることになった。私は心理学者であるが、最近の研究テーマは、本書の第7章「運動の役割」と深く関連している。研究の一端に、運動が知的能力の発達と維持やメンタルヘルスに重要であるという観点に立ったものがある。主にヒトの行動面から認知機能に着目した研究を、ｆＭＲＩなどの脳機能計測も交えておこなっている。最近の研究では、年配者の知的能力維持に果たす運動の役割を調べ、運動を日常的におこなうと、記憶力や実行機能などが上昇し、また前頭前野の脳機能の効率も増すことが分かった。こうした研究をおこなう場合、当然ながらマウスなどの動物研究における生物学的メカニズムに関する知見も参照しているが、そうして得た知見に照らしても、本書の記述は正確で多岐にわたっている。そして、運動によって遺伝子の発現が増すという観点は、私にとって新鮮であった。欲をいえば、運動による血管新生が白質の強靭化に役立っているという短い一節に関して、この部分に着目している私としては、もう少し掘り下げた記述がほしいと感じた。だがしかし、それは本当に最先端の部分であり、より詳細な記述は今後の研究成果に待たなければならないことを意味しているのだとも思う。

土屋氏は大変な読書家で、その読書量には圧倒される。私のような研究プロパーの人間が、ある守備範囲について、いわばコツコツと地面を掘る土方仕事である実験に多くの時間を費やすのに対して、氏は本書において、まったく別のアプローチを提示してくれている。持ち前の旺盛な好奇心から広い範囲にわたって文献をひもとき、最新の研究成果を俯瞰し、遺伝子学の大きなうねりを一般の人に伝えようとしてくれているのである。私は行動を調べることを生業としているが、行動的変化の背後にある生物学的基盤を詳細に解説していただき、大変参考になった。一方で、マウスやラットで明らかになった生物学的な仕組みが、ヒトの性格や行動をどの程度説明するのか、対応を調べるために必要な研究の大海原がいっそう広がったとも感じる。

詳細な文献調査の成果を盛り込もうと努力されたため、やや難解な部分もあるかもしれない。そうした点には少し目をつぶってお付き合いいただき、性格に関連しそうな遺伝子やエピジェネティックスのプレーヤーがいかに多く見つかっているのか、ということを感じ取っていただければ幸いである。

はじめに

ヒトの性格はこれまで、50%が遺伝的に、残り50%が環境によって決まると考えられてきました。さらに最近の研究によって、性格は赤ちゃんの時期から一人ひとり異なることが次第に明らかになってきました。そこでヒトの性格がどう決まるのかという話を、赤ちゃんの時期から始めることにします。

大きな産科病院では毎日、何人もの赤ちゃんが生まれます。そういう病院で赤ちゃんを観察していると、おぎゃあおぎゃあと盛んに泣いている赤ちゃんがいますし、隣に大声で泣いているおともだちがいるのに、平気でスヤスヤ眠っている赤ちゃんもいます。お母さんたちのお話を聞くと、うちの子は泣いてばっかりでどうしたらいいかわからなくて困りますと言われる場合がありますし、逆に、うちの子はちっとも泣かないので心配ですと言われる場合もあります。どちらも問題ないのでしょうか？　また、この違いは一体、何なのでしょうか？

この本では、まず、赤ちゃんの泣き方の違いの観察をもとに、赤ちゃんたちの性格・個性[注1]についての発達心理学的研究[注2]、そして最近明らかになってきた性格を決める脳の部位や遺伝子について述べます。それから、赤ちゃんの性格を決める環境の働きについて考えます。心理学研究と脳の構造や遺伝子の多様性、さらに環境との相互作用に関する研究は最近始まったばかりですが、大きな進歩を遂げようとしている領域です。ヒトでの研究や動物実験で明らかになった事実、性格や行動に影響する運動・食事・教育の問題も論じます。そして、性格や行動を考えることは、ひいては人間とは何かという問いにまでつながるのではないかという話題まで紹介します。

やや詳しく書いたので、途中で面倒くさいと思われた部分は流し読みでけっこうです。詳しく書いたのは、発達心理学や行動科学、遺伝学や脳科学から見た、性格や気質に関する現在の理解を明らかにしたかったからです。さらにこの本で得られた知識を参考にして、最新の研究成果にふれることができるようにと考えました。各章の終わりには必要に応じて、「この章のまとめ」、「注」をつけるとともに、「文献」も巻末にリストしました。

この本を書くきっかけを与えてくれた、私の出会った、たくさんの赤ちゃんたちとお母さんたちに感謝したいと思います。赤ちゃんたちとお母さんたちに接することがなかったら、ヒトの性格はどうやって決まるかについて深く考える機会はなかっただろうと思っています。

注

［1］ヒトの「性格」を生まれつきの「気質」と、生後獲得される狭義の「性格」に分けて考える研究者もいます。この本の中では、あまり厳密に定義しないで、性格、気質、個性という語を使いますが、

どちらかというと気質は主に生まれつきの性格を述べる場合で、個性は一人ひとりの性格の違いに注目している場合に用いることにします。このほか、人格とかパーソナリティという語もあります。

〔2〕【発達心理学】 ヒトが生まれてから成人になるまで成長していく過程における心理学。子どもの心理学については今までに豊富な観察研究が蓄積されています。ちなみにここでは「ヒト」と書きましたが「人間」の書き方には人間、人、ヒトといくつかあります。人間を生物学的にとらえたいときはヒトと書くことが多いようです。この点についても厳密には区別しないで用いました。ヒトは地球に生きる生物種のなかで一番進化した生物と言えるかもしれませんが、それでも地球上には無数の生物が生きているわけで、ヒトがすべての生物を支配していいとは思えません。ヒトが地球環境を大切にしないと、あらゆる生物種に迷惑をかけることになるでしょう。

目　次

第4章 表現型から遺伝子型、脳回路、そしてエピジェネティックスへ――37

装幀＝新曜社デザイン室

第1章　個性の誕生

私は毎年３０００人以上の赤ちゃんが生まれる、大きな産科病院に小児科医として勤務しています。平均して毎日９人から10人の赤ちゃんが生まれます。私たちの病院では、早期産や低出生体重児などを除く、正期産のふつうのお産で生まれた赤ちゃんの場合は、赤ちゃんを生後２日（生まれた日の翌々日）から入浴させています。早期産とは妊娠期間37週未満で生まれた場合を言い、正期産はほぼ予定日前後（妊娠期間37週０日から41週６日まで）に生まれた場合です。低出生体重児は出生体重２５００グラム未満の赤ちゃんを言います。

生後５日までお母さんと赤ちゃんは入院しますが、この間、赤ちゃんの入浴は看護師さんたちスタッフが行います。お母さんたちは体力が回復して動けるようになったら、スタッフから赤ちゃんの入浴のさせ方を習います。

ちなみに、昔は「うぶ湯（産湯）」といって、生まれてすぐ赤ちゃんを入浴させていました。

最近は赤ちゃんの生理学についての理解が進んで、生まれて胎内生活から胎外生活に移行した直後は、呼吸・循環がやっと胎外型になろうとしている時期だから、赤ちゃんに負担をかけるうぶ湯は不適当であると考えられています。

　さて、私は赤ちゃんの入浴を見ていて、泣く子と泣かない子がいることに気づきました。泣く子は生まれて初めて入浴したときに、おふろいやだ！たすけて！という感じで泣き叫びます。でも、泣かない子はクレヨンしんちゃんの入浴みたいに、ごくらく、ごくらくとでもいうように目を細めて入浴しています。それを見て、入浴時に泣くか泣かないかは、もしかしたら赤ちゃんの性格と関係しているのではないかと考えました。

　そこで最初の入浴で泣く赤ちゃんは翌日も泣くのかどうか、調べることにしました。[1〜3] 赤ちゃんが入浴中に泣いた時間の長さを、同じ子について、毎日測定しようというのです。この研究はお金もかかりませんし、赤ちゃんとお母さんにも負担をかけません。

　結果を解析しやすいように、できるだけ条件を単純にすることにしました。まず、看護師さんによって少しずつ入浴のさせ方が違うので、一番多く赤ちゃんを入浴させている看護師さんに協力してもらうことにしました。それから入浴室の室温、湯温、入浴前の赤ちゃんの体温、入浴させる時間帯、入浴室の騒音、泣く時間の測定者（毎回私が行います）、測定者から赤ちゃんのバスタブまでの距離、入浴前後の赤ちゃんへの処置（衣類の脱着やおへその処置）、分娩前後のお母さんへのお薬の投与など、同じ条件にできるものはできるだけ同じにしました。

100人の赤ちゃんについて、生後2日の初回入浴時に泣く時間の長さと生後3日の2回目入浴時に泣く時間の長さを記録して統計処理すると、この2つの項目にはある程度の関連があることがわかりました。あることがらが原因のどの程度を説明するかという割合を適合度と呼んでいます。初回入浴時に泣くことは、2回目泣くことの原因の16%を説明するという結果でした。つまり適合度は16%でした。

今度は泣くことと関連している要素が何かあるのかを調べました。体重の大きい子が泣きやすいとか泣きにくいとかがあるのか、ということです。性別、在胎週数（お母さんのおなかの中にいた週数）、出生体重、ローレル指数（肥満度）、前回の授乳から入浴までの時間、栄養法（母乳か人工乳か）、入浴前に黄疸などの理由で採血検査があったか、前夜は母児同室で過ごしたか、お母さんは初産婦か経産婦か、エジンバラ産後うつ病尺度（EPDS）[注1]の点数、という10項目についての記録と、泣く時間を統計学的につきあわせてみました。すると、泣くことと性別のあいだだけに、弱い関連がありました。男の子の方が、泣く時間が長かったのです。

初回の入浴で泣く子は2回目入浴でも泣きやすいという結果が出たので、今度は生後2日目（初回入浴）、3日目（2回目入浴）、4日目（3回目入浴）の泣く時間の長さの関連を調べました。2日目と3日目には観察できても、4日目の入浴直前にすでに泣いている子は対象外になるので、3日連続で調べることができた赤ちゃんの数は減ってしまって38人でした。このときも最初の観察と同じ傾向が得られました。とくに2回目と3回目の入浴時の泣く時間の長さは、より強く関連していました。適合度は25％でした。

一連の観察から、初回入浴で泣く子は2回目でも3回目でも泣くことがわかりました。これは何を意味するのでしょうか？　ただ単に、おふろがきらいなだけではないか、という他の小児科医の意見もあったのですが、おふろがきらいというのは何か意味がないでしょうか？

こういったことを書いた専門書や論文はないか調べていくと、子どもの性格について書かれた本を見つけました。専門家（ニューヨーク大学のチェスとトーマスの2人）による、ヒトの生まれつきの性格（気質）についての入門書です[4]。子どもには早い時期から性格の違いがあると書かれています。この本をきっかけに、子どもの性格を考えるには、子どもの成長発達と心理の関連を調べる発達心理学が大切だということに気づきました。

チェスとトーマスは、未体験の新しいものごとに近づこうとする行動と、ものごとを避けようとする行動（「接近と回避」）は子どもの性格の一面を表していて、泣くという行為はこの中に含まれると書いています。これで、入浴時に赤ちゃんが泣く場合、その赤ちゃんがおふろを嫌いということだけではなくて、入浴という初めての経験にすんなり慣れていかないことを意味するのではないかと解釈できました。

また、入浴して泣く赤ちゃんも、1回目の入浴よりも2回目の入浴の方が泣く時間が短いということにも気づきました。これはチェスとトーマスの言う「適応性」という、性格の別の面を示しているようです。

以上のことから、入浴時に泣く赤ちゃんは新しいものごとを避けようとする傾向があるのだろうと私は判断しました。新しいものごとを避ける傾向がいいか悪いかは、また別の問題です。新しいものごとを避ける傾向は慎重な性格と言うこともでき、その点ではむしろ、よい性格と言えるかもしれないからです。

この章のまとめ

- 生まれて2日の赤ちゃんでは、初めての入浴のときに泣く子と泣かない子がいる。
- その傾向は生まれて3日、4日たっても変わらない。
- 初めての入浴時に泣くか泣かないかは赤ちゃんの性格（気質、個性）を反映していると考えられる。
- 行動に表れた性格の分類上は（行動傾向としては）「接近と回避」を表していて、泣く子は新しい刺激が嫌いか、あるいは刺激を避けようとしているのではないだろうか。

注

［1］【エジンバラ産後うつ病尺度】出産の後で産褥婦さんが一時的にうつ状態になることがあり、これを産後うつと呼んでいます。エジンバラ産後うつ病尺度（Edinburgh Postnatal Depression Scale: EPDS）はこの状態を判断する評価法で、イギリスのエジンバラ大学の精神科医たちが1987

年に作成しました。現在、世界中で広く用いられています。(5)

第2章　遺伝子は性格の50%を決める？

世間では一卵性双生児は1個の受精卵から2人の人が生まれてくるのだから、この2人は全く同じだろうと思われています。実際、ヒルガードの心理学教科書にも、極端な例が紹介されています(1)。

それはオスカーとジャックという一卵性双生児の話です。彼らはトリニダード(カリブ海の島国)で生まれたのですが、生後間もなくオスカーは母親に引き取られ、ドイツの祖母のもとでカトリック教徒のナチ党員として育てられました。一方ジャックはトリニダードに留まり、ユダヤ人の父親によってユダヤ人として育てられ、イスラエルのキブツ（集団農場）で過ごしたこともあります。40代後半に、この2人はミネソタ大学の研究者たちの双生児研究に、別々に育てられたふたごとして招かれました。この2家族は連絡を取ったことなどなかったのに、2人にはいくつかびっくりするような共通点がありました。どちらも口ひげを生やしていましたし、メタルフレームのメガネをかけ、ダブルの青いスーツを着ていました。性格もくせも食事や酒の好みも似ていて、同じような奇行もあったのです。忘れっぽい、バタートーストをコーヒーにひたして食べる、エレベーターの中でくしゃみをして同乗者をびっくりさせて嬉しがるところまで、そっくりでした[1]。

ただし、これはかなり特殊な例だと思います。テレビ番組でもこういう双子の話はよくとりあげられますが、特殊な例は非常に印象的なために、そういう例がすべてであるかのように思われがちです。しかし、実際はけっしてそうではありません。

このミネソタ大学の双生児研究では、性格の遺伝性を調べるために、一卵性双生児で一緒に育った人たち、一卵性双生児で別々に育った人たち、二卵性双生児で一緒に育った人たち、二卵性双生児で別々に育った人たちという４つのグループ、計４０２組の双子さんたちに協力してもらって、長期にわたる息の長い研究を続けました。その結果、性格の遺伝性はおよそ50％と考えられています[2〜3]。

ヒトの性格は非常に複雑に決まると思われますから、性格の遺伝性が50％もあるというのは高い値だと言えるでしょう。

どうして一卵性双生児なのに同じ性格にならないのか、または、同じ病気にならないのか、その理由は、性格や病気が遺伝子の影響だけでなくて、環境の影響も受けるためでしょう。たとえば、かぜをひきやすい人は遺伝子的にさまざまな体の器官が強くないという場合もあるかもしれません。感染から体を防御する免疫系、のどや気管や肺などの呼吸器系、筋肉などの運動器系、胃腸などの消化器系、そういったさまざまな器官系統が強くないと、かぜをひきやすくなるでしょう。それらの器官に関連した遺伝子とかぜに対する抵抗力は関連しています。でも、それらの器官に働きかけて強くすることもできるわけで、適度な運動はその一例です。また、環境の影響としては、睡眠不足であったり、衛生環境がよくなかったり（日当たりの悪い住居とか湿気の多い土地など）という可能性も考えられます。

　このような環境の影響があるために、たとえ一卵性双生児でも別々に暮らしていれば、次第に別々の身体的精神的特徴を持つように変わっていくでしょう。オスカーとジャックの場合、類似点ばかりが強調されたのですが、相違点もあるはずです。環境の影響というのは少しあいまいな表現ですが、最近、環境が遺伝子に影響する具体的な仕組みが明らかになってきました。

　そのうちの一つがエピジェネティックスです。エピという語はエピソード（挿話）という言葉にもあるように、「上」とか「外」という意味です。ジェネティックスは遺伝学です。遺伝学の中心はＤＮＡです。そこでエピジェネティックスとはＤＮＡの上または外に生じた変化、つまりＤＮＡの修飾のことを言います。生体内のＤＮＡの特定の部分（ＣｐＧアイランドとも呼ばれる、シトシンとグアニンに富む領域）が加齢や食事、化学物質等の外部環境の影響によってメチル化すると、その遺伝子は活性を低下させて少量のタンパク質しか作らなくなりますし、あるいはＤＮＡと結合しているヒストン[注1]がアセチル化すると、アセチル化された遺伝子は逆にタンパク質が多く作られるようになります。このように環境の変化で特定の遺伝子が修飾を受け、作られるタンパク質が増減して、そのタンパク質の作用が弱くなったり強化されたりする現象をエピジェネティックスと呼んでいます。そうするとヒトの特定の性格が強調されたり、目立たなくなったりすることもおこることになります。

双生児研究は今までたくさんの基本的な知見を提供してきましたが、エピジェネティックスと組み合わされて、その知見がどうしておきるのかが明らかになってきています。

最近は遺伝子と環境は相互に影響すると考えられていて、これを遺伝子環境相互作用と呼びます。遺伝子は英語で gene、環境は environment なので、遺伝子環境相互作用をG×E（ジー・バイ・イー）と略して表記しています。エピジェネティックスは、G×Eの代表例です。

以上、一卵性双生児が精神的、また身体的に必ずしも一致しない理由を環境との関係で簡単に説明しましたが、最近の研究は、実際はもっと複雑な仕組みが多数働いていることを示しています。一卵性双生児の2人の遺伝子は、エピジェネティックス以外にも、さまざまなレベルで異なっているのです。このあたりの事情については、第5章のネオジェノミックスの項目で述べたいと思います。

この章のまとめ

・４０２組の双生児についての研究では、性格のおよそ50％は遺伝的に決まると考えられた。
・性格の残り50％は環境によって決まる。
・環境が遺伝子に影響することが知られていて、その一つがエピジェネティックスという仕組みである。

注

［1］【ヒストン】ヒトの有核細胞は核内に46本の染色体を持っています。染色体の構造をクロマチンと呼び、クロマチンはＤＮＡ‐ヒストン複合体から成っています。ヒストンは核内ＤＮＡと結合している塩基性タンパク質です。

第3章　赤ちゃんの気質――発達心理学からのアプローチ

(1) 成人の性格特性

多様なヒトの性格をどうしたら体系的に表すことができるか、よい方法を求めて以前から研究が行われてきました。[1] その中でも有名なものは、オルポートとアドバートという2人の心理学者の研究です（1936年）。まず彼らは辞書に載っている行動の性質に関連する単語1万8000語を取り上げて、それから多義的な語や同義語を除いて4500語まで絞りました。その後の研究者たちがこれらの語の意味連関を分析し、5つの性格特性因子としてまとめました。「特性」とは、個体が持つ分類可能な、あるいは識別可能な特徴という意味です。

この5つの性格特性はビッグ・ファイブと呼ばれ、開放性（Openness）、誠実性（Conscientiousness）、外向性（Extroversion）、調和性（Agreeableness）、神経症傾向（Neuroticism）

です。これらの頭文字をとって、ＯＣＥＡＮ（オーシャン）とも言われます。これらの特性因子はパーソナリティ（性格・人格）という言葉が意味するものをほとんど網羅していると、研究者のあいだで広く認められています。[1]

一方、赤ちゃんや子どもの場合、脳も心理も発達途上にあるので、おとなの性格特性をそのまま使うことはできません。それでも過去50年以上にわたって、多くの研究者がさまざまな時期の赤ちゃんと子どもの性格の研究を行ってきました。研究者によって、対象となる子どもたちは年齢、人種も違いますし、研究方法も研究の進め方も違います。さらに研究の結果も異なりますが、それでもおおまかな結論は似通っています。たとえば前述のチェスとトーマスの分類法でいう[2]「育てにくい子」は、ハーバード大学のケーガンのいう[3]「高反応型の子ども」と似ています。

(2) チェスとトーマスの研究

赤ちゃんの性格・個性についての話を、まず、チェスとトーマスたちの研究のことから始めましょう。[2] 彼らの研究のスタートは１９５２年にさかのぼります。チェスは臨床心理学の検討会で、自分の遭遇したアレンという男の子の心理学的な問題点についての症例発表を行いました。

アレンは賢くて、他の子どもたちとも仲が良く、スポーツの好きな優等生だったのですが、成長するにつれて日常での自分のほんの小さな失敗が許せないような性格の少年になってしまいました。バスケットボールでシュートをミスしただけで部活を止めてしまったり、研究発表で先生から小さな間違いを指摘されただけで、その発表を中止してしまいました。近所の母親たちからアレンはトラブルメーカーだと思われていました。こういうことが何度も繰り返されて、両親は精神的にすっかり参ってしまい、心理学者のチェスに相談したのです。両親は、自分たちの子育てのしかたが悪かったのだと思っていました。

チェスは両親に詳しいインタビューを行い、アレンが遊んでいるようすを病院のプレイルームで観察しました。プレイルームでアレンは楽しそうにおもちゃの車で遊んでいたのですが、車を誤って赤信号で動かしてしまったために、他の車も次々に衝突してしまいました。するとアレンはパニックに陥って、プレイルームから待合室に逃げて行ってしまいました。

チェスは両親に、当時臨床心理学の主流だった、子どもの問題の原因が幼いときのしつけにあるとする精神分析的[注1]な説明をしませんでした。その代わりに、アレンの問題は両親の責任ではなく、子どもにはもともと備わっている性格があって、それが家族や近所の人たちと協調することを妨げているのですと説明しました。両親に必要なのは治療ではなく、アレンの性格についての理解だとチェスは考えました。両親に説明するとともにアレンにもどういうことかを説明し、遊びを通した心理療法を受けさせました。アレンは失敗は災厄だという考え方を少しずつ克服できるようになり、最終的には異常行動をしなくなったのです。

チェスのこの発表を聞いて、トーマスは従来の精神分析的方法に欠けていた点に気づきました。

子どもの異常行動は常に両親の失敗というわけではなくて、子ども本人が特徴的な性格を持っていて、そのために両親やコミュニティと協調できないこともあるというわけです。発表の後でチェスとトーマスは何度も話し合いました。そして両親の養育と子どもの個性がうまく調和すると心理的に健康な状態を育むことができるけれど、調和しない場合、子どもは心理的に不健康な状態に陥るのではないかと考えたのです。

この仮説を証明するには、赤ちゃんの時期から個性の違いがあることを示すような生物学的な根拠を探さなくてはなりません。神経生理学者に相談しても、難しすぎる課題だとして相手にされなかったとチェスは書いています。

そこでチェスとトーマスは、当時一般的だった方法、パブロフの条件づけ[注2]を赤ちゃんに対して行うことにしました。つまり赤ちゃんに対する環境の影響を見ようというのです。（当時精神分析が主流だったこととともに、赤ちゃんの性格や個性を調べるのにパブロフの条件づけを用いるというのも、時代を感じさせます。）

彼らの友人にちょうど妊婦さんがいたので、その人を含めて7組の家族に協力してもらい、赤ちゃんの誕生を待ちました。赤ちゃんが生まれたらチェスは病院に行って、お母さんたちにチリンチリンと鳴る鈴とストップウォッチと記録用紙を渡しました。赤ちゃんがおなかをすかして泣くと、お母さんは鈴を鳴らし、赤ちゃんにおっぱいをあげます。こうして赤ちゃんを条件づけしておいてから、赤ちゃんが空腹で泣いたら、お母さんは鈴を鳴らし、赤ちゃんが泣きやむまでの時間をストップウォッチで測定しようというのです。赤ちゃんが、鈴が鳴ったらおっぱいがもらえると認識していたら、鈴の音が聞こえると赤ちゃんは泣きやむと考えたのです。

チェスは毎日お母さんたちに電話をかけて結果を調べたのですが、うまくいきませんでした。赤ちゃんに鈴の音を聞かせても、赤ちゃんは泣きやみませんでした。ところが、お母さんたちと話していてチェスは、赤ちゃんたちの毎日の生活パターンが一人一人異なることに気づきました。睡眠や哺乳、おむつを替えたり、入浴したりのパターンが異なるのです。

彼らは、お母さんたちに赤ちゃんの毎日の生活パターンを記録してもらうことにしました。（こういう観察の手法は、ファーブル昆虫記でファーブルが行った観察研究と共通しています。）

チェスとトーマスは赤ちゃんたちの個性についての研究を少しずつ進めていきました。一人ひとりの子どもの発達成長を長期間にわたって記録していくこの研究を、彼らはニューヨーク縦断研究と呼びました。子どもの日常についての質問項目を決めておいて、協力してくれる家庭のお母さんと家族に質問していくのです。

この研究に当初参加した家族は87家族で、子どもの人数は138人でした。このときの参加者たちの社会的文化的背景はほぼ同じ（ニューヨーク市在住の中産階級）です。この研究は、子どもたちが成長して30歳代後半になるまで続けられました。

集められた山のようなデータをもとに、チェスとトーマスは研究者仲間と一緒に気質（生まれつきの個性）を9つのカテゴリーに分類しました。それらは次の通りです。

1　活動性：子どもがどの程度動いているか。日中動いている時間と動いていない時間の割合はどうか。
2　生活リズム：さまざまな行動をとるとき、行動がどの程度予測できるか。睡眠や覚醒や食事のパターン。
3　接近と回避：今まで接したことのない新しい刺激に対する反応のしかた。新しい刺激とは、食物やおもちゃや人など。接近は肯定的反応で、刺激に対して笑ったり、言葉にしたりする。食物なら食べたり、おもちゃなら手に取ろうとしたり遊んだりする。回避反応は否定的反応で、新しい刺激に対して泣いたり、騒いだり、嫌がったり、言葉で反応したりする。あるいは逃げたり、おもちゃを押しやったりする。
4　適応性：新しい刺激や変化に対する反応パターン。刺激や変化を次第に自分の好みの方向に変えていく。
5　反応の閾値《いきち》（刺激が知覚される最低の限界値）：刺激に対する反応が認められるようになるときの反応の強さ。刺激は感覚刺激か、環境にあるものか、社会的な刺激か、どれでもよい。
6　反応の強さ
7　気分の程度：楽しさ、喜び、親しさの程度、また、逆に不愉快さ、泣くこと、嫌うことの程度。

8　注意散漫であること
9　注意力持続の程度・粘り強さ

これら9つのカテゴリーによる観察を元に、チェスとトーマスは両親へのインタビューを通して、子どもたちを3つのグループに分けました。

第1のグループは新しい刺激に対して規則的で肯定的な反応を示し、変化にも適応でき、気分的にも落ち着いた反応をする子どもたちです。睡眠と食事も規則的で、今まで食べたことのない食物も食べることができ、見知らぬ人にも笑顔を示し、新しい学校にもすぐ慣れることができ、不満があっても大騒ぎはしないというタイプで、「育てやすい子」と呼びました。両親にとっても、学校の先生にとっても、接するのが楽しい子どもです。ニューヨーク縦断研究で扱った子どもたちの40%が、こういうタイプでした。（これは1960年前後に行われた研究で、当時のアメリカはいい時代でした。世界で最も豊かな国であることを謳歌していた頃です。今のアメリカや日本はずっと厳しい時代にあるので、同じ基準を用いるなら、「育てやすい子」に入る子どもたちの割合は少ないかもしれません。）

第2のタイプは、第1のタイプの反対の性格を持った子どもたちです。新しい刺激を避けようとして、変化に適応せず、しばしば否定的な強い感情表現を行い、新しい食物をなかなか食べようとせず、新しい手順や人々や状況に慣れず、しばしばひどく泣きます。笑い声もむやみに大声で、不満があると暴力的にかんしゃくをおこし、「育てにくい子」と呼びました。このグループの子どもは10％を占めました。「育てにくい子」という言葉は否定的なニュアンスを持っていて、このタイプの子どもたちが持つ良い側面（感情表現が激しいということは自己主張できるとも考えられます）を見落とすことになるから不適当という意見もあります。しかし「育てにくい子」という言葉が気質研究の領域ではすでに確立されてしまっているので、止むを得ず使われているのが現状です。

第3のタイプは「育てやすい子」と「育てにくい子」の中間型で、「慣れるのに時間がかかる子」と呼ばれます。このタイプの子どもは、新しい刺激に対して第2の「育てにくい子」ほど強い拒否反応は示さず、時間がかかるけれど次第に慣れていきます。このグループの子どもは15％を占めました。反応を見るのに適当な刺激は、最初の入浴、新しい食物、見知らぬ人、見知らぬ場所、新しい学校がいいとチェスとトーマスは述べており、私の取り組んだ最初の入浴というテーマは、赤ちゃんの気質を知るための選択肢として間違ってはいなかったと安堵しました。

なお、残り35％の子どもたちは、これら3つのグループには分類できませんでした。（35％が分類できないということは、この分類法は役に立つけれども限界があることを示しています。）

子どもの性格は固定されたものではなくて、変化するものだとチェスとトーマスは考えていました。性格の変化について、カールという男の子の例をあげています。この子は幼児期には「育てにくい」だったのですが、少年期から思春期にかけては「育てやすい」になり、大学入学後「育てにくい」、それ以後再び「育てやすい」になったそうです。

1996年にチェスとトーマスは次にやりたい研究として、性格の変化を考えていると書いています。[2] トーマスは2003年に89歳で、[4] チェスは2007年に93歳で、[5] マンハッタンで亡くなりました。2人ともニューヨーク大学の児童心理学教授で、彼らは夫婦でした。ニューヨーク縦断研究は両親からの聞き取りに基づく調査が基本ですが、その後の生命科学、とくに神経科学（脳科学）と分子遺伝学の発展によって、ニューヨーク縦断研究の成果を物質に基づいて解釈することが可能になりました。

（3）カスピの研究

ここで、チェスとトーマスのやりたかった発達に伴う性格の変化に関する研究について述べましょう。ロンドンのキングス・カレッジのカスピたちは、2010年に研究の現状について総説[6]を書いています。まず、近年の行動遺伝学の研究によって、生後数年間のあいだでも気質の違いは遺伝的な要素だけで決まるのではなく、環境あるいは経験の影響を受けることが明らかになりました。

成人の性格特性（前述のビッグ・ファイブ）の遺伝率も、0・50±0・10と報告されています。5つの特性のどれもが同じ程度、遺伝の影響を受けるようです。遺伝の影響も環境の影響も男女差はありません。

遺伝子の性格に対する影響は、遺伝子が直接、性格に影響するだけでなく、遺伝子と環境の相互作用（前述のG×E、ジー・バイ・イー）という形で影響しています。ある人が特定の環境下におかれた場合、遺伝子のタイプによって、その環境の影響を受ける場合と受けない場合が知られています。

たとえば虐待を受けた子どもの場合、モノアミンオキシダーゼA（MAOA）[注3]というタンパクの量と反社会的行動が関連することが知られています。モノアミンオキシダーゼAの量が少ない子は多い子に比べて、虐待後、行動異常になったり暴力的になるなど反社会的になりやすいのです。一方、モノアミンオキシダーゼAが多い子では、虐待を受けても、その後反社会的になる可能性が少ないのです。

もう一つの例は、セロトニントランスポーター[注4]遺伝子のプロモーター[注5]です。（セロトニンは5‐ヒドロキシトリプタミンという構造をしているので、5‐HTと略します。）セロトニントランスポーター遺伝子の多型と個人の不安の強さの関連についてはのちほど詳しくお話しますが、プロモーター部分が短い対立遺伝子を1コピー[注6]または2コピー持っている人は、長い対立遺伝子を2コピー持っている人よりもうつ傾向になりやすいことが知られています。(6)

これらの例から考えると、不利な遺伝子を持っていても、虐待を受けたり、ストレスの多い環境におかれなければ、これらの遺伝子の作用はおこらないので、遺伝子と環境は相互に作用していると考えられます。このことは子育てや教育学にも有用な知識となりますし、不利な遺伝子を持っていることが病的な状態につながる場合でも、薬剤による治療の可能性が考えられます。実際、遺伝子の発現を抑制したり高めたりする治療として、薬剤によるエピジェネティックな治療の可能性が検討されています。このへんの事情についてはのちほど述べます。

これまで多数の観察に基づく性格に関するデータが蓄積されてきましたが、これらに加えてゲノム解析[注7]（全DNA解析）のような新しい技術が組み合わされることによって、個性の発達に関する心理社会学的研究は大きく飛躍するでしょう。従来の研究法では観察の方法を十分に客観的なものにすること（定量化して、より科学的なものにすること）や、多数の対象者を数十年という長期間追跡することなどの困難さがありましたが、分子遺伝学的方法と組み合わせることによって、性格特性の決定の仕組みが明らかにされていくことが期待されます。

一方、遺伝子の関与と環境の関与を明確に分けることは難しいので、どのような観察法を選ぶかは大きな問題です。遺伝子と環境の関係を分別しにくい理由として、次のようなことがあげられます。①見かけ上、遺伝子が環境に影響する、②親の遺伝傾向が環境に影響する、③子どもの遺伝的に規定された傾向が親の子育てに影響する。

性格に及ぼす遺伝子の影響はビッグ・ファイブについても研究されていて、5つの項目（開放性、誠実性、外向性、調和性、神経症傾向）それぞれに遺伝子が影響するそうです。ちょっと変わったところでは、離婚のリスクに遺伝子が関与するという研究もあり、遺伝子の影響が離婚に関与する性格傾向の30％超を説明するといいます。

遺伝と性格特性あるいは行動特性との関係では、妥当性が疑問視されるような研究もたくさん報告されています。とくに一卵性双生児のきょうだいの間では遺伝子が全く同じという先入観というか暗黙の了解に基づいた論文がいくつもあります。たとえば、①ケータイ電話の使い方、②選挙の投票行動（米国の民主党か共和党か）、③クレジットカードによる借金（モノアミンオキシダーゼAの活性が低い人では借金が多いそうです）、④スープやスナック菓子やハイブリッド車やSF映画やジャズなどの消費者の好みなども、一部は遺伝的に決まると報告されています。このような主張に対して、後で述べるシャーニーは、一卵性と二卵性双生児を比較すると遺伝の問題は解決できるという方法論は、考え直すべきだと述べています[7]。

さて、性格傾向がヒトの子ども時代から老年期に至るまでどの程度連続するのか、あるいは変化するのかについて述べましょう。この点について、今までに次のようなことが明らかになっています。

（i）変化の程度を見るために1回目の性格判断テストの数年後、2回目のテストを行うと、この2つのテストの結果はある程度相関しています。

（ii）この相関は年齢と共に上昇します。相関係数は子ども時代では0・41、30歳では0・55、50歳から70歳になると0・70に達して、それ以上は上昇しません。相関係数は0が最小、1

が最大で、０であれば全く異なり、１は完全に一致です。子ども時代は性格はある程度変わるけれども、年齢と共に変わりにくくなるということですから、私たちがふだん感じる感覚と一致しているように思われます。

(iii) ビッグ・ファイブの各項目も年齢と共にある程度変化しますが、その変化の程度は大きくはありません。

(iv) 変化の程度の性差はありません。

性格変化研究の今後の方向としては、性格の連続性と変化をどう説明するかに進んでいくと思われます。たとえば、どういうきっかけで性格が変化するのかというようなことです。また、個性の発達過程は連続か変化かのどちらかではなくて、連続する部分も変化する部分もあるというのが現在の考え方です。

(4) ケーガンの研究

チェスとトーマスに続く世代であるハーバード大学のケーガンたちは、新規なできごとに対する子どもの反応を研究しました[(3)]。彼らは４５０人以上の４か月児について20年間観察を続け、子どものタイプを４つに分類しました。民族や文化の影響を避けるために、対象は白人の子どもに絞りました。

まず、第1のグループですが、新しい刺激に対して激しく反応するタイプ（高反応群）の子は全体の20％でした。この子どもたちは予測できない刺激に接すると手足を振り回したり叫んだりしますし、クッションの上で仰向けになってのけぞったりしました。第2のグループはこれと反対で、子どもたちは静かでめったに叫んだり、のけぞったりしないで、にこにこ微笑んでいました（低反応群）。全体の40％を占めました。第3のグループは25％を占めますが、ばたばたはしないけれど、ひどく泣きます（悲しみ群）。第4グループは子どもたちの10％で、手足をばたばたさせるけれど、しばしば微笑んで、ほとんど泣き叫んだりはしません（覚醒群）。残りの5％は分類不能群でした。

予期しないできごとに対して反応するのは、大脳の基底部にある扁桃体であることが知られています。扁桃体の一部の神経細胞（ニューロン）は前頭葉前野にある、危険を判断する領域を活性化します。前頭葉前野がそのできごとを安全と判断したら、扁桃体に安全という信号を送り返します。前頭葉前野からの指令が来るまでにすでに扁桃体は戦うか逃げるか（fight or flight）の行動を準備をしているのです。ケーガンたちは、高反応群の子どもたちの扁桃体は興奮しやすいと結論しました。ちなみに、扁桃体は感覚情報に反応して運動神経系、自律神経系、神経内分泌系を調節するほか、感覚刺激情報の記憶も行います。

ケーガンたちは高反応群と低反応群の子どもたちの経過を追って、それぞれの性格が続くのかどうか調べました。[3] その結果、4か月から15歳まで、性格はあまり変わらなかったのです。反対の性格に換わった子どもたちはわずかでした。ケーガンは高反応群の子どもたちは危険な行動は避けるだろうから、現代社会に生きるうえではメリットがあるのではないかと述べています。あとで述べるロスバートは、[8] 心配性の子どもがずっとそのまま心配性でいるわけでもなく、性格は変わりえると言っています。

私は高反応群の子どもも低反応群の子どもも、現代に生きるうえで適合しやすさと適合しにくさの両方があるでしょうから、子どもの性格をしっかり見据えて、その子が幸せに生きるための手助けを親の世代ができればと思います。

内閣府の自殺対策白書（平成23年度版）[9] によれば、15歳から39歳までの日本人の死因の1位は自殺で、その理由の1位が健康問題、2位が経済・生活となっていて、自殺予防という意味でも発達心理学的アプローチは必要だと思います。（政治や行政や企業社会が果たすべき役割はいうまでもありませんが。）

さて、ケーガンたちは扁桃体が興奮しているかどうかを間接的に知る方法として、4種類の方法をあげています。[3] その検査の方法は次のとおりです。（i）脳波の周波数分析におけるアルファパワーの減少の左右差。（ii）カチカチという連続音を聞いたときに、脳内の聴覚刺激伝導路にある下丘から誘導された脳波の強さ（脳幹聴覚反応という検査法では、V波として認められます）。（iii）心血管系における交感神経亢進状態（安静時心拍数の増加）。（iv）現実と異なる奇異な絵（たとえば黄色の消火栓や3本足の椅子など）を見たときに生じる脳波の400ミリ秒における強さ。

最初の項目のアルファパワーの減少について説明します。脳波の波形の大きさや周波数を定量的に扱う方法として周波数分析があります。高速フーリエ変換法が開発されて、デジタル的に高速で周波数分析を行なうことが可能になりました。この方法によって得られた周波数分析の結果を、パワースペクトラムと呼んでいます。

アルファパワーはアルファ波（おとなの場合、安静、覚醒、閉眼で出現する脳波で、周波数は8～13Hz。Hzはヘルツと読んで、この場合は1秒間の波の数の単位です。8～13Hzとは、1秒間に8～13回の波動を意味します）の周波数分析で得られ、脳の活動時には低下します。脳の左右差を調べる研究では、片側の大脳半球の特定の部位のアルファパワーが反対側の半球の同じ部位に比べて減少しているときは、減少している方の半球の部位が活性化したサインと理解されています。アルファパワーは脳波の遺伝学的研究に広く用いられています。

デビッドソンとフォックスによれば、[10] 10か月の赤ちゃんは短時間お母さんと離れていると泣きますが、そのときの脳波を調べると、泣いている赤ちゃんの右前頭葉の脳波は泣いていない赤ちゃんに比べて強く活性化されているそうです。さらに、最近になって、脳波の周波数分析における左右差とセロトニンレセプター1A遺伝子の多様性の関連という報告が出されました。[11] このことについては、後でまたふれることにします。

2番目の項目、脳幹聴覚反応におけるV波の強さについてですが、ケーガンのチームは生後4

か月の時点で高反応群と低反応群に分類された子どもたちについて、10歳から12歳になったときの脳幹聴覚反応を調べました。[12] 高反応群の子どもたちは恥ずかしがり屋で心配性の性格になっていました。この子どもたちは、低反応群の子どもたちよりも大きな脳幹聴覚反応のV波を示しました。これは、下丘から強い興奮が伝えられたためと考えられました。

ほかのグループの研究者たちから、[13] 感情調節における下丘の役割が報告されています。ラットの実験では下丘を電気的に刺激すると前頭葉からドーパミンが分泌され、セロトニンの分泌は抑制されました。扁桃体基底外側核群は脳幹から不快な情報が上位の脳に伝わるのを選択するフィルターの役割を果たしていますが、薬物によって扁桃体基底外側核群が作用しないようにすると、下丘に達した不快な情報は増強され、ドーパミンの分泌は減少しました。

脳幹聴覚反応は医療現場においても新生児の聴覚検査で普通に行われますから、小児科医や耳鼻科医にとってなじみのある検査ということができます。[14]

3番目の項目は心拍数の増加です。これは交感神経系の刺激を意味していて、扁桃体の興奮の間接的な証拠になります。動脈圧の変化は扁桃体中心核から視床下部外側への神経伝達によって調節されています。ウェルナーら[15]は妊娠の第3期の胎児心拍数と生後4か月の児の気質を比較して、気質の違いは胎児心拍数を調べることによって胎児期から認めることができるし、胎内環境によって作られるという興味深い報告を行っています。

4番目の項目は、現実にはあり得ないおかしな絵を見たときに生じる脳波の、刺激開始してから400ミリ秒における強さです。おとなでは機能的磁気共鳴画像（fMRI）が神経科学研究の非常に重要な手段ですが、被験者の協力が必要なので、子どもでは利用することができません。そこでfMRIの代わりにはなりませんが、恐れや不安やストレスに対する反応をみる目的で、脳波の400ミリ秒における強さを検査します。

アイマーとホームズ[16]は感情があらわれた表情（恐れ、怒り、失望、悲しみ、幸福感、驚き）を見たときの方が、感情が表に出ていない平静な顔よりも被験者脳内の脳波の反応が強いと述べています。彼らはまた、感情が表れた顔を見るという情報の処理過程に扁桃体が関与していると指摘しています。

以上、扁桃体の興奮を知るための4種類の方法の中では、2番目の脳幹聴覚反応におけるV波の強さが高反応群と低反応群の子どもを区別する最もよい方法です[17]。

ところで、扁桃体にはさまざまな役割があることが明らかになっています[18]。わけても3つの主な役割があり、それらは社会的行動、感情の調節、そして報酬を学習することです。霊長類の扁桃体は13個の核（共通な特定の役割を持つ神経細胞の集合体）を持っています。

幼若な動物とおとなの動物における、扁桃体の関与する行動パターンの違いについても知られています。生後10日の子どものラットは外部からショックを与えられても好きなにおいに引き寄せられますが、おとなのラットではそのような行動は見られません。ヒトでも扁桃体が関与する行動パターンは子どもと成人で異なります。したがって、年齢による社会環境に対する行動パターンの違いには注意する必要があります。[18]

(5) ロスバートの研究

オレゴン大学のロスバートと彼女のグループは、気質の定義を刺激に対する反応および自己調節の違いとしています。[8] 刺激に対する反応とは感情的反応、行動による反応、刺激に対する意識の3つの面からなります。反応レベルを評価するには反応の強さ、持続時間、反応からの回復を調べます。ちなみに最初に述べた私の検討した赤ちゃんが泣くことの評価も泣く時間を測定したので、ロスバートの反応レベルの評価法と合致しています。また、自己調節とは刺激を受けた個体が弱い反応を示したり、強く反応したり、反応の強さを調節することを指しています。

ロスバートは乳児期の個性の発達に関わる7つの要素を時間の流れに沿ってまとめています。[8] 彼女によれば、① 適応は新生児期から始まります。② 不快感も新生児期から。③ 接近行動は新奇な物に近づこうとすることで生後2か月から。④ いらだち／怒りも生後2か月から。⑤ 恐れは新奇なものを避けようとする行動で生後6か月から。⑥ 自己制御は10か月から。⑦ 親密な関係の時期は明確ではありません。

新生児期にはいらだち／怒りと恐れの感情はまだ未分化状態にありますが、やがてこの2つは別のものとして分かれます。これら7つの要素のあいだには互いに亢進して高めあったり、抑制したりという相互作用が認められます。ロスバートは7つの要素の1つが欠けているような子どもの場合、残りの要素がそれを補うだろうと考えています。

この章のまとめ

・成人の性格特性は開放性、誠実性、外向性、調和性、神経症傾向にまとめられ、これらをビッグ・ファイブ、あるいは英語の頭文字をとってOCEAN（オーシャン）と呼んでいる。

・赤ちゃんや子どもについてはチェスとトーマスによる気質の9つのカテゴリー分類に基づいた3つのグループ（「育てやすい子」、「育てにくい子」、「慣れるのに時間がかかる子」）がある。

・年齢とともに性格が変化するかどうか調べる研究では、子ども時代はある程度変わるが、年齢とともに変わりにくくなることが知られている。

・ケーガンたちは予測できないできごとに対する子どもの反応を研究した。20年間同じ子どもたちの観察を続けて、子どものタイプを高反応群、低反応群、悲しみ群、覚醒群、分類不能群の5つに分類した

・予期しないできごとに対する反応を調節するのは大脳基底核にある扁桃体で、感覚情報

に反応して運動神経系、自律神経系、神経内分泌系を調節するほか、感覚刺激情報の記憶も行う。
・ケーガンたちによれば、高反応群の子どもたちの扁桃体は興奮しやすい
・扁桃体が興奮しているかどうか調べる方法の中では、脳幹聴覚反応におけるV波の強さを調べることが有用である
・ロスバートたちは個性の発達に関わる7つの要素の出現順と出現時期をまとめた。それによると、適応、不快感は新生児期から出現し、次いで接近行動、いらだち／怒り、恐れ、自己制御の順になっている。親密さは出現時期不明。

注

［1］【精神分析】ジークムント・フロイト（1856年～1939年）によって始められた心理学の理論の一つ。心の現象は、すべて無意識の心的な法則にしたがっているという考え方。心理学、精神医学に大きな影響を与え、今もその影響は続いています。

［2］【パブロフの条件づけ】条件反射は、動物において、訓練や経験による条件づけで後天的に獲得される反射行動のこと。イワン・パブロフ（1849年～1936年）によって発見されました。イヌにエサをやる時にベルを鳴らすことを繰り返すと、やがてベルの音がするだけでイヌは唾液が

出るようになるという、パブロフのイヌの実験はあまりにも有名です。

［3］【モノアミンオキシダーゼ】カテコールアミンとセロトニンを分解する酵素。体内の大部分の細胞のミトコンドリアの外膜に存在し、AとBの2つの型があります。

［4］【セロトニントランスポーター】セロトニンは神経伝達物質（ニューロトランスミッター）の一つです。神経伝達物質とは神経系が命令を中枢神経（脳と脊髄）から末梢の標的器官に伝えるとき、神経細胞から神経細胞へ、または神経細胞から標的器官の細胞へ受け渡される物質です。神経伝達物質にはアミノ酸とアミンとペプチドの3つのカテゴリーがあります。[19] セロトニンやドーパミンはアミンに分類されます。

【神経伝達物質の作用について】たとえば手で鉛筆を持とうとすると、大脳運動野の手の運動を支配する神経細胞体が興奮し、その興奮は興奮した神経細胞の軸索中を走って軸索終末（シナプス前軸索終末）に到達して、この終末から神経伝達物質が分泌されるのです。手の運動を支配する神経細胞の場合、大脳から出発して、脊髄に到達します。この神経細胞は上位運動ニューロンと呼ばれます。脊髄に到達した上位運動ニューロンの興奮は脊髄前角でシナプスを介して下位運動ニューロンに伝えられます。このときの神経伝達物質はアミノ酸の一つ、グルタミンです。[20] 下位運動ニューロンは興奮を神経細胞軸索の末端へ伝えます。この末端は手の筋肉に到達し、筋肉を収縮させます。下位運動ニューロン軸索終末から筋線維へ放出される神経伝達物質はアミンの一つであるアセチルコリンです。[19]

【神経伝達におけるトランスポーターについて】シナプス（2つの神経細胞［ニューロン］の接合部）においてシナプス前ニューロン終末から分泌された神経伝達物質は、前ニューロン終末のシナプス面にあるトランスポーターと結合すると、前ニューロンに再度取り込まれます。その結果、シナプス後ニューロンへの神経伝達物質の受け渡し量が減り、刺激伝達は低下します。[21〜22] つまり、神経伝達物質が後ニューロンのレセプターに結合すれば神経伝達がおこり、前ニューロンのトランスポーターに結合すれば神経伝達は低下することになります。（レセプターの一部はシナプス前ニューロンにもあり、この場合、自己レセプターと呼ばれます。神経伝達物質が自己レセプターに結合する場合も神経伝達の低下をもたらします。）

［5］【プロモーター】遺伝子配列においてメッセンジャーRNAに転写される部分（エクソン）の前にあって、転写を開始する合図となる領域。

［6］【コピー】ある遺伝子がある染色体上に存在するとき、この染色体が常染色体の場合は父と母から同じ染色体を1本ずつもらうので、この遺伝子は2つあることになります。この状態をこの遺伝子は2コピーあると言います。ダウン症の多くの場合は21トリソミーと言われますが、これは21番染色体が3本あることを意味しています。この場合、21番染色体上にある遺伝子は3コピーあることになり、このことがダウン症候群をひきおこします。一般的には正常の場合、特定の遺伝子は2コピーあることが多いのですが、しかし、後述するように、最近提唱されているネオジェノミックスの考え方[7]（第5章参照）では特定の遺伝子が多数のコピーを持つことも考えられ、2コピーの場

合がほとんどという考え方は必ずしも普遍的ではないのかもしれません。

[7]【ゲノム】生物の持つＤＮＡの全塩基配列。遺伝子と遺伝子ではない部分の両方を含みます。ヒトのゲノムは30億の塩基対から成り（ＤＮＡは二重らせん構造をしているので、２組ですから塩基対といいます）、そのうち1・5％が遺伝子で、残りは遺伝子ではありません。ゲノム全体の50％をレトロトランスポゾンが占めています。(23)

第４章　表現型から遺伝子型、脳回路、そしてエピジェネティックスへ

第４章ではヒトの性格がどのようにして成立するのか、表現型を決める要素としての遺伝子型、その遺伝子が作用する脳回路、そして性格は遺伝子とともに環境で決まりますから遺伝子環境相互作用としてのエピジェネティックスについて論じます。ここで言う表現型とは表面に現れている形質のことで、成人の性格の表現型は前述のビッグ・ファイブの各項目で表すことができます。脳回路とは脳の各領域の神経細胞（ニューロン）同士が密接に連絡しあっているところからこう呼ばれます。

この本の読者としては医学・生物学を専攻されている方はもちろん、専攻されていない文学系・教育系・福祉系・行政系の方、また、広く一般の読者も想定していますが、この章で述べる内容には専門的なことばも含まれます。そこで読者の便宜のために、この章の最後にいくつかの用語も含めて追加して解説します。必要に応じて参照していただければ幸いです。

(1) クロニンジャーのモデル

クロニンジャー(ワシントン大学)はヒトの性格について、いくつかの重要な総説を著しています。そのうちの一つ、1987年の総説[1]では、新奇性の探求、危害からの逃避、報酬への依存という3つの特性から性格のモデルを考察しています。それぞれの特性を遺伝的な背景や神経解剖学的知見と結びつけたのがこの論文の大きな特徴です。つまり、性格は特定の刺激によって生じる神経伝達物質によって仲介され、結果としての行動がおこるという説明をしたのです。この3つの性格特性について述べましょう。(神経伝達物質の受け渡しはシナプスと呼ばれるニューロン間やニューロンと他の細胞種の間に形成される間隙で行なわれます。)

(i) まず、新奇性探求の場合、神経伝達物質はドーパミンで、今までにそのヒトが接したことのないような新しい刺激によって産生され、そのヒトは新しい物事を探求するという行動をとります。

(ii) 危害からの逃避においてはセロトニンが神経伝達物質で、自分に危害が加わりそうだという兆候を認めると産生されて逃避行動をひきおこします。

(iii) 報酬系ではノルエピネフリンが神経伝達物質です。報酬をもらいそうだという兆候で産生され、行動を続行します。クロニンジャーは新奇性探求と危害からの逃避のあいだには弱い負の相関があるとも指摘しています。つまり新奇性を探求するようなタイプのヒトは、多少の危険は恐れないということでしょう。

最近、セロトニンレセプター2A遺伝子のイントロン部分[注1]の一塩基多型（スニップ）[注2]が2個見つかりましたが、両方とも新奇性探求と関連していて、とくにそのうちの1つは新奇性探求の下位分類である奇抜さ（extravagance）との関係が指摘されています。[2〜3]

(2) ハリリのモデル

ハリリ（デューク大学）も総説を発表しています。2009年の総説[4]では、3つの性格特性をとりあげています。不安傾向、衝動性、不安傾向＋衝動性の3つです。クロニンジャーの総説から20年経っていますので、ハリリの総説ではさらに理解が深まって、行動傾向、行動を規定する脳回路、神経伝達物質、神経伝達物質の機能（ひいてはそのヒトの行動形式）に関わる遺伝子の多型の4項目の関係が論じられています。3つの性格特性を特徴づける4項目の要素の関連は、次ページの表の通りです（表1）。

表1　神経伝達系遺伝子の多型

行動特性	脳構造	神経伝達物質	機能的多型
不安傾向	扁桃体	セロトニン	セロトニンレセプター1A対立遺伝子(−1019G)は自己レセプターの発現増加と関連していて、その結果、シナプスの遊離セロトニン量を減少させる。
衝動性	腹側線条体	ドーパミン	ドーパミントランスポーター1対立遺伝子(9-repeat)はドーパミントランスポーターの発現減少と関連していて、シナプスのドーパミンを増加させる。
不安傾向 と 衝動性	扁桃体 と 腹側線条体	エンドカンナビノイド	脂肪酸アミドヒドラーゼ対立遺伝子(385A)は酵素活性の低下と関連していて、エンドカンナビノイドのシグナル伝達を増加させる。

(Hariri, A.R., 2009[4] より)

（ⅰ）不安傾向に関わる脳回路は扁桃体（図1）で、セロトニンが神経伝達物質です。セロトニンレセプター1A遺伝子の－1019番目の塩基がグアニンの場合（－1019G）、遊離セロトニン（レセプターに結合していないフリーのセロトニン）の量が減少します。すると－1019Gのタイプの人では不安傾向が乏しいことになります。なお、－1019とは、遺伝子DNA上でタンパクを合成するためにメッセンジャーRNAに転写が開始される開始点の塩基より、1019塩基上流の塩基の意味です。そのためにマイナス符号を数字の前につけて表示します。セロトニンレセプター1A遺伝子のこの部分はプロモーター部分（プロモーターは第3章注5参照）です。
また、不安傾向に対するセロトニン神経伝

達系の関わりについては、次節の「セロトニン調節遺伝子群」で詳しく述べることにします。

（ii）衝動性には腹側線条体が関与しています（線条体は、大脳基底核の主要な構成要素のひとつで、背側線条体と腹側線条体からなります）。ドーパミンが神経伝達物質で、ドーパミントランスポーター1遺伝子に多型が見られます。ドーパミントランスポーター1の遺伝子型について、タンデムリピート数（variable number tandem repeat: タンデムリピートは縦列（単純）反復配列で、遺伝子の多型のパターンの一つ）が9リピートと10リピートの対立遺伝子があるのですが、9リピートの人の場合、10リピートの人に比べてドーパミントランスポーター1タンパクの量が低下します。シナプスではこのタンパクがドーパミンの除去を行っているので、このタンパクの量が減るとドーパミンが増加して、衝動性が強くなります。

衝動性は報酬に対する反応とも関連しています。報酬をもらうとき、たとえば翌日まで待った方が当日ただちに報酬をもらうよりも報酬が多いという実験で、待つことなんて全然できないという人は衝動性が強く、自己制御ができず、病的なギャンブル依存症や過度の喫煙や薬物・アルコール依存の危険があると報告されています。ドーパミントランスポーター1の9リピートと10リピートの遺伝子型の違いで、衝動性の個人差の12％が説明されます。

（iii）不安傾向＋衝動性について。不安傾向と衝動性を規定する脳回路はいま述べたように扁桃体と腹側線条体ですが、エンドカンナビノイド（俗にいう脳内麻薬）は両者に作用します。この機能に関わるのは脂肪酸アミド水解酵素遺伝子で、385番目の塩基がアデニンに代わっている多型があります。この場合、脂肪酸アミド水解酵素遺伝子タンパクの発現量が減少し、その結果、アナンダマイド（脳内麻薬の一つ）の作用が強まり、報酬系に関係した異常な社会行動、たとえば薬物やアルコール依存をひきおこしたり、極端な肥満になったりします。このように表現型（気質、性格）は脳回路、神経伝達系、遺伝子の多型と関連しています。

（3）セロトニン調節遺伝子群

今まで述べたように、不安に対する反応において中心的な役割を果たす神経伝達物質はセロトニンです。動物の防御反応においては、セロトニンの役割は2つ考えられています。セロトニンは遠くにある危険（遠くに捕食者が見えるような場合）に対しては防御反応を強め、不安を増強する一方、差し迫った危険に対しては防御を抑制して危険から逃げ出します。逃走できないとパニックに陥ってしまいます。前者（遠くにある危険への対処）を司る脳領域は前脳、主に扁桃体と内側前頭前皮質であり、後者（差し迫った危険）に対処する中枢は背側中脳中心灰白質とされています(5)。

セロトニンを神経伝達物質とする脳内の神経（セロトニン作動性ニューロン）では、刺激を受けると（捕食者などの危険を見つけるなどすると）シナプス前ニューロン内で血液由来のトリプトファ

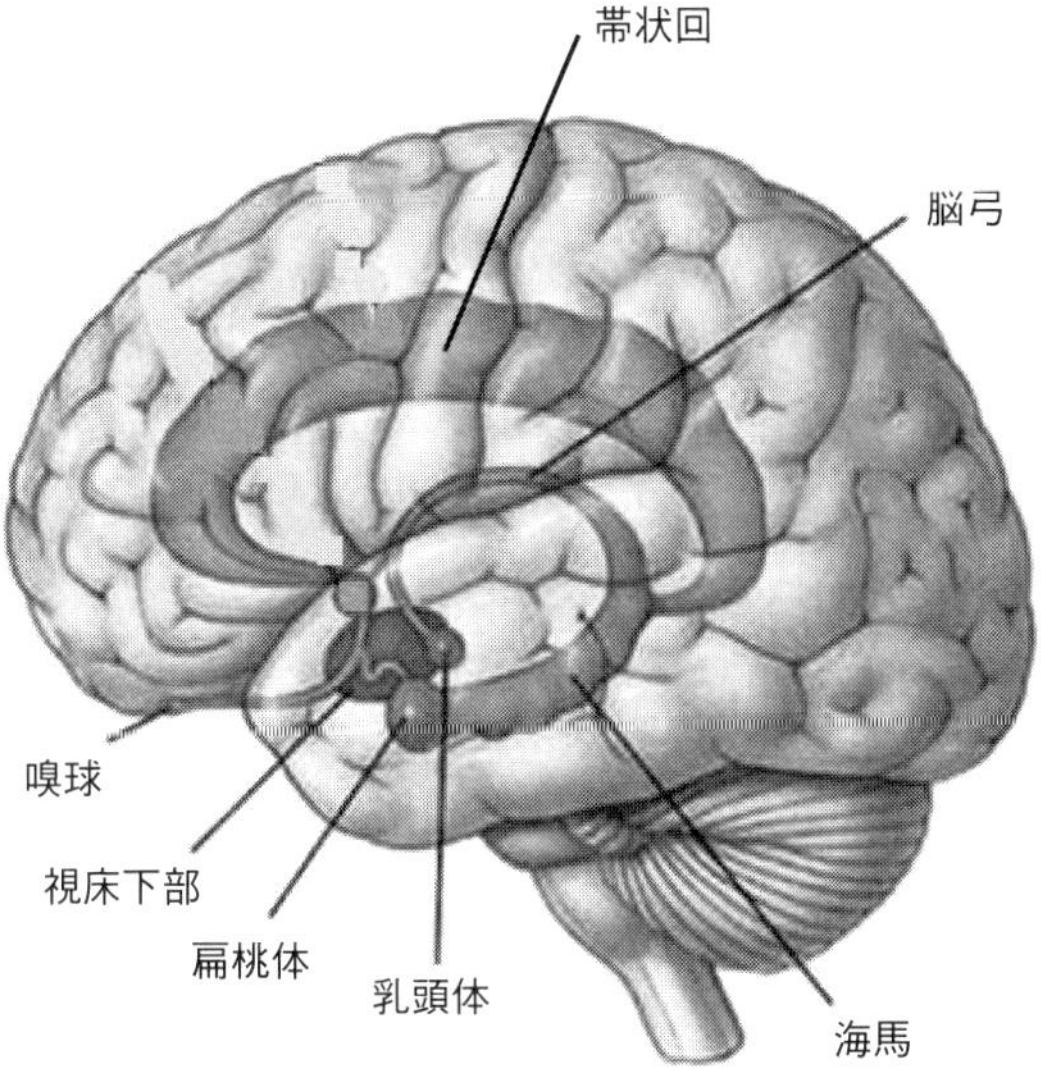

図1　辺縁系の構造

辺縁系は哺乳類の大脳の内側表面にあって、周囲の皮質とは解剖学的に区別できる皮質領域で、脳幹の周囲を包み込むように環状構造を形成しています。帯状回にある脳梁《のうりょう》周辺の皮質と海馬を含む側頭葉内側面の皮質から構成されます。辺縁系は知覚と情動表出に関係します。帯状回周辺の腫瘍は、恐怖、興奮性、うつ状態など特定の情動障害と関連することが知られています。ただ、視覚系や聴覚系などほかの系（1つの機能に関する経路の構成要素をまとめたもの）と違って、構造と機能に明確な1対1の対応が認められません（M・F・ベアーほか／加藤宏司ほか（監訳），2007[6] より）。

ン（必須アミノ酸の一つで、体内で合成できない）がトリプトファン水酸化酵素2によって5 - ヒドロキシトリプトファンに変わり、その後、5 - ヒドロキシトリプトファン脱炭酸酵素によってセロトニンに生合成されます。[6] 合成されたセロトニンはシナプス小胞に貯蔵されるか、軸索終末からシナプス間隙に放出されます[7]（図2）。

放出されたセロトニンは、シナプス後ニューロンにある受容体タンパクに結合します。受容体タンパクに結合して、セロトニンは前述の防御か逃走かという生体の反応をひきおこします。セロトニンの一部はセロトニントランスポーターによってシナプス前ニューロンに再取り込みされると、シナプス小胞に貯蔵されるか、酵素のモノアミンオキシダーゼAによって分解されます[6]（図2）。

セロトニンの生合成に関わるトリプトファン水酸化酵素2、セロトニンを受け取って刺激をシナプス後ニューロンに伝えるセロトニンレセプター、セロトニンの作用量を調節するセロトニントランスポーター、セロトニンを分解するモノアミンオキシダーゼAそれぞれの多型が、セロトニン作用の個体差、ひいては個体の反応性の違いに関連すると考えられます（表2）。

抗うつ剤の長期投与は背側中脳中心灰白質においてセロトニンの放出を高め、シナプス後ニューロンのセロトニンレセプター1Aとセロトニンレセプター2A遺伝子への反応性を高めるとされています。また、抗うつ剤はセロトニンレセプター2Cを脱感作することによって不安を弱めます。[5] セロトニンレセプター1Aへのセロトニンの結合は不安を弱め、セロトニンレセプター

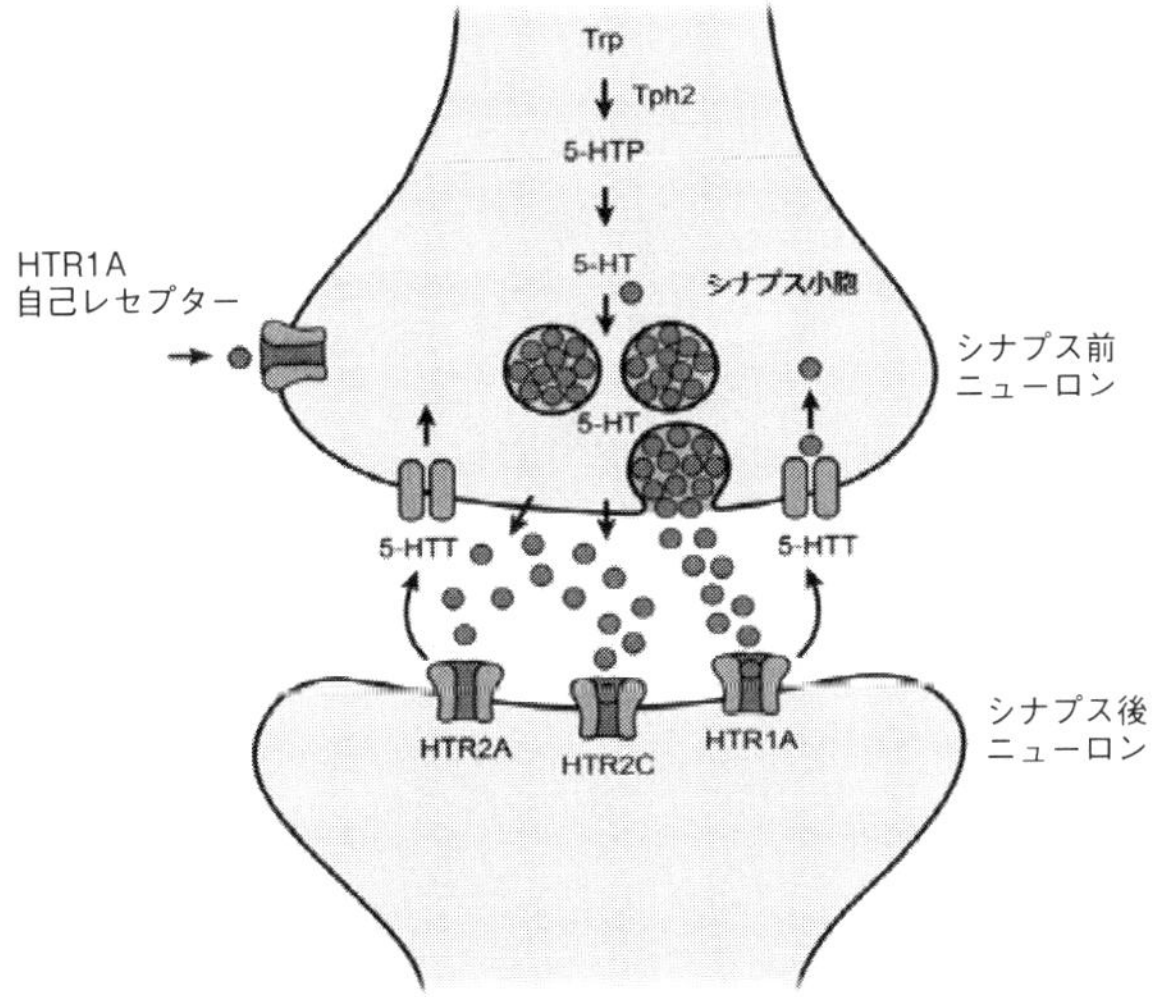

図２　セロトニン神経系のシナプス前ニューロンとシナプス後ニューロンにおけるセロトニンの合成・放出・取り込み・再取り込み

Trp: トリプトファン、Tph2: トリプトファン水酸化酵素 2、5-HTP: 5-ヒドロキシトリプトファン、5-HT: セロトニン、HTR1A: セロトニンレセプター 1A、5-HTT: セロトニントランスポーター（Tsuchiya, H., 2015[53] より）

扁桃体にあるセロトニンを神経伝達物質とするニューロンの接合部（シナプス）を示します。動物が捕食者などの危険を見つけると、シナプス前ニューロン内でアミノ酸のトリプトファンからセロトニンが生合成されます。セロトニンはシナプス小胞に貯蔵されるか、軸索終末からシナプス間隙に放出されます。放出されたセロトニンはシナプス後ニューロンにある受容体タンパクに結合して、防御か逃走かという動物の反応をひきおこします。セロトニンの一部はセロトニントランスポーターによってシナプス前ニューロンに再取り込みされて、シナプス後ニューロンへの刺激伝達の強度が調節されています。

表２　セロトニン神経系遺伝子の多型

多型の種類	推測される反応	変異	病的状態	文献
トリプトファン水酸化酵素 2 G(−844)T	T対立遺伝子保持者で扁桃体活性が亢進する	T対立遺伝子保持者 =38%	ストレス反応と不安の亢進	Brown et al. (2005)[52]
セロトニンレセプター 1A C(−1019)G	G対立遺伝子保持者で扁桃体活性の低下	不安傾向の個人差の 9.2% を説明する	うつ	Hariri (2009)[4]
セロトニントランスポータープロモーターS対立遺伝子保持者対 LL ホモ接合体	恐怖や怒りの表情に対する扁桃体活性の亢進	個人差の 3 〜 4% を説明する	不安	Hariri & Holmes (2006)[10]
モノアミンオキシダーゼ A プロモーターのタンデムリピート数	怒りの傾向	（報告なし）	成人の反社会性	Pickles et al. (2013)[18]

（著者作成）

2Cの場合は不安を増強すると考えられます。

実際、マウスの扁桃体にセロトニンレセプター1Aのアンチセンス配列[注3]あるいはセロトニンレセプター2Cのセンス配列[注3]を含む組み換えアデノウイルス[注4]を注射すると、どちらの場合もマウスは不安が増強することが明らかになっています。(8) セロトニンレセプター1Aのアンチセンス配列の注射はセロトニンレセプター1Aタンパクの発現を抑制し、セロトニンレセプター2Cのセンス配列の注射はセロトニンレセプター2Cタンパクの発現を亢進するからです。（アンチセンス配列とは、ある配列のメッセンジャーRNAに対して相補的な塩基配列です。標的とするメッセンジャーRNAの発現を抑制するために用います。一方、センス配列は標的とするメッセンジャーRNAと同じ配列で、標的メッセンジャーRNAの発現を増加させるために用います。[注3]）

神経系におけるセロトニンの作用は生合成、作用点、代謝の各段階で調節されています。セロトニン生合成の早さを規定する酵素はトリプトファン水酸化酵素2です。この酵素の遺伝子の調節領域の多型と、扁桃体および海馬の大きさが関連していることがヒトについて知られています。(9)

セロトニンレセプター1Aは、シナプス後ニューロンにおけるセロトニンの作用を減弱させます。前節にも述べましたが、この遺伝子のプロモーター部分の－1019番目の塩基はシトシン（C）かグアニン（G）です。（この塩基の違いが多型です。多型の定義は人口の1％以上に認められる遺伝子配列の変異をいいます。(10)）

2コピーのセロトニンレセプター1Aプロモーター遺伝子の－1019の塩基が両方ともシト

シンの場合をCC､片方がグアニンならCG､両方グアニンならGGと書き表すと､白人（ヨーロッパ系）の場合、CCの人が約2～4割、CGが5割、GGが1～3割です。[11～12] GGの人ではセロトニンレセプター1A量が増加して、遊離セロトニン量が減少し、扁桃体の反応が低下します。このタイプの人は不安感が弱いのです。この多型は、不安に対する反応の9・2％を説明するとされています。[4]

他の遺伝子についても言えることですが、単一の遺伝子で性格の違いを説明できる割合は小さく、性格に関連する遺伝子の違いが多数重なって、生まれつきの気質の違いが決定されると考えられます。性格特性に関連すると思われる遺伝子にある程度目標を定めて調べるやり方を、候補遺伝子アプローチと呼んでいます。この方法に対して、ゲノム全体に存在するスニップ[注2]を網羅的に調べていって、疾患と対比するようなやり方を全ゲノム関連解析法（GWAS）と呼びます。全ゲノム関連解析法については、あとで述べることにします。

さて、第3章で述べたように、このセロトニンレセプター1A遺伝子は前頭葉脳波の左右差とも関連しています。GG遺伝子型の人は、CC遺伝子型やCG遺伝子型の人と比べて右前頭葉脳波の活動性が高いことが知られています。[13]

ケーガン[14]は右前頭葉前野皮質の厚さが厚い子どもは高反応群と、薄い子どもは低反応群と関連していたと述べていますが、セロトニンレセプター1A遺伝子の多型と前頭葉脳波の左右差と前頭葉前野皮質の厚さの関係はまだ明らかではありません。

なお、セロトニンレセプター1Aはシナプス後ニューロンだけでなく、シナプス前ニューロンにもあり、セロトニンが前ニューロンのレセプターに結合することによって、後ニューロンへのセロトニンの伝達量を減らす働きがあります。この場合、前ニューロンから分泌されて再び前ニューロンに取り込まれるので、自己レセプターと呼ばれます（図2）。

セロトニンの量の調節に重要な役割を果たすこのほかの要素として、serotonin transporter gene-linked polymorphic region（5‐HTTLPR）と呼ばれる遺伝子領域があります。日本語訳は適当なものはなさそうです。（ちなみに遺伝学用語では適当な日本語訳のない術語がいろいろあります。）

さて、この5‐HTTLPRはセロトニントランスポーター遺伝子（5‐HTTと表記されます）のプロモーター部分にあります。（そこで、以下の記述では厳密さには欠けますが、5‐HTTLPRをセロトニントランスポータープロモーターと記載することにします。5‐HTTLPRと書くと読みにくいと思いますから。）セロトニントランスポータータンパクはストレスによるうつ状態を調節しています。セロトニントランスポータータンパクの機能は扁桃体の活性化の調節ですが、これは機能的磁気共鳴画像（fMRI）で測定することができます。その結果、扁桃体の活性化の違いの10％がセロトニントランスポータープロモーター領域の遺伝子型の違いで説明できるとされています。(15)

セロトニントランスポータープロモーター遺伝子の対立遺伝子が短いタイプの人（Sキャリ

アー、両親から受け継いだ対立遺伝子の一方または両方がSである人のことです。両親からSをもらうとSSになり、片親からSを、もう一方の親からLをもらうとLSになります。SSとLSの両方合わせてSキャリアーと称します）では対立遺伝子が2コピーとも長いタイプの人（LL）に比べて、不安傾向が増大します。

さらにセロトニントランスポーター遺伝子とドーパミンレセプター遺伝子の関係も指摘されています。生後2週間の赤ちゃんがドーパミンD4レセプター遺伝子（D4DRまたはDRD4と表記）の長いタイプを持っていないドーパミンD4レセプター遺伝子－SS型で、かつ、セロトニントランスポーター・プロモーターのSキャリアーであれば、その赤ちゃんの周囲への適応度が低いことが報告されています。適応は成人の新奇性探求と類似の行動パターンと認識されています。さらに成人でも、セロトニントランスポーター・プロモーター遺伝子型とドーパミンD4レセプター遺伝子型の組み合わせで新奇性探求の13％が説明できるそうです。(16)

ここまでセロトニントランスポーター・プロモーターには多型があって、Sキャリアーでは不安傾向が増大すると考えてきましたが、2009年にリッシュたちは、(17)セロトニントランスポーター・プロモーターの多型と「うつ」の危険の関連を調べた論文14編、対象者1万4250人についてのメタ分析を行い、[注5]ストレスと「うつ」のあいだには明らかな相関を認めたものの、セロトニントランスポーター・プロモーター遺伝子型と「うつ」のあいだには相関を認めなかったと報告しました。もしこれが正しいのなら、セロトニントランスポーター・プロモーター多型と「うつ」に関する従来の説明は成り立たなくなるかもしれません。結論は今後の研究にまたなければなりません。

　モノアミンオキシダーゼA遺伝子の多型については、ピクルスたち[18]の報告があります。モノアミンオキシダーゼAはアミン系の神経伝達物質であるノルエピネフリン、エピネフリン、セロトニン、ドーパミンを脱アミノ化する酵素です。これらの神経伝達物質は脱アミノ化によって活性を失います。モノアミンオキシダーゼA遺伝子の上流のプロモーター部分にある30塩基から成る部分は繰り返し構造になっています。プロモーター部分の繰り返し構造（タンデムリピート）の違いによってこの遺伝子の発現量の多いヒトと少ないヒトがいます。モノアミンオキシダーゼA遺伝子はX染色体上にあるために男性は1個、女性は2個持っています。発現量の多い男性ではモノアミンオキシダーゼA‐H型、女性ではモノアミンオキシダーゼA‐HH型であり、発現量の少ない男性ではL型、女性ではLL型です。女性ではヘテロ（モノアミンオキシダーゼA‐LH型）が存在するために解析が難しくなるので、従来は男性だけが検討対象とされていました。モノアミンオキシダーゼA‐L型の人では小児期に受けた虐待が子ども期の行動や成人になってからの反社会性につながるという報告が多数あるのですが、否定的な意見もありました。一方、成人期の暴力には常に小児期早期の攻撃性や反抗が先行するとのことです。そこでモノアミンオキシダーゼA遺伝子と環境の関わりが検討されました。

　ピクルスたち[18]は乳児の唾液からDNAを抽出し、モノアミンオキシダーゼA遺伝子のタンデムリピート数を調べて、乳児が男児ならL型かH型か、女児ならLL型かHH型か（ヘテロ女性は除外）を分類しました。また赤ちゃんが怒りっぽいかどうかについて、質問票に基づいて生後29週と生後14か月の2回、母親に質問しました。この質問票では、児が苛立っているときに、むずかる（騒ぐ）、泣く、悲しむなどの行動が見られた場合を怒りっぽい児であると評価しています。さらに遺伝子環境相互作用（G×E）の立場から、乳児の行動に対する母親の児に対する感受性（関心）を生後29週に評価しました。

したがって、ピクルスたちは児のモノアミンオキシダーゼA遺伝子のタンデムリピート型と母親の感受性が児の怒りっぽさにどう反映されるかを検討したことになります。結果はモノアミンオキシダーゼA-L型男児では、母親の感受性と児の怒りっぽさは逆相関していました。つまり児に対する母親の感受性が低いほど、モノアミンオキシダーゼA-L型男児は怒りっぽかったのです。モノアミンオキシダーゼA-H型男児では、母親の感受性にかかわらず、児の怒りっぽさは認められませんでした。さらにモノアミンオキシダーゼA-LL型女児では、母親の感受性にかかわらず、児の怒りっぽさは認められず、モノアミンオキシダーゼA-HH型女児では、母親の感受性が高いほど、児は怒りっぽいという正の相関を示しました。

まとめると、モノアミンオキシダーゼA遺伝子のプロモーター部分のタンデムリピート数はモノアミンオキシダーゼA酵素の発現量に影響していて、モノアミンオキシダーゼA酵素活性は児の怒りっぽさと関連しています。さらに児の怒りっぽさは母親の児に対する感受性の影響を受けますが、この影響は児の性別によって異なるということになります。これは遺伝子環境相互作用の典型例です。またモノアミンオキシダーゼAはセロトニンだけでなく、ドーパミン、ノルエピネフリン、エピネフリンも分解するので、児の怒りっぽさはセロトニンだけに対するモノアミンオキシダーゼAの作用の結果ではないことに留意してください。

(4) ストレス反応と視床下部 - 下垂体 - 副腎系

リスキン - グラボイたちの総説[19]によると、ストレスに対して反応する脳内領域は発達の違いを反映して、赤ちゃんと成人では異なります。生まれてまもなくでは、視床下部 - 下垂体 - 副腎系は過敏になっていて、容易に刺激を受けます。青斑核 - 扁桃体系は視床下部 - 下垂体 - 副腎系に影響して副腎皮質刺激ホルモン放出ホルモンを視床下部から放出させます。すると副腎皮質刺激ホルモン放出ホルモンは下垂体前葉に作用し、副腎皮質刺激ホルモンを分泌させます。副腎皮質刺激ホルモンは副腎皮質から副腎皮質ホルモン（糖質コルチコイドと鉱質コルチコイド）の分泌を刺激します。糖質コルチコイドは糖質コルチコイドレセプターと鉱質コルチコイドレセプターの両方に結合します。

さて、糖質コルチコイドは本来の糖質コルチコイドレセプターよりも鉱質コルチコイドレセプターとの親和性（結合しやすさ）の方がより高いのです。したがって血中糖質コルチコイドが少量の場合は、糖質コルチコイドレセプターにはあまり結合していません。けれどもストレスで視床下部 - 下垂体 - 副腎系が活性化されている場合、糖質コルチコイドの濃度が高いので、すでに糖質コルチコイドは鉱質コルチコイドレセプターに結合してレセプターは飽和しています。残りの遊離糖質コルチコイドは糖質コルチコイドレセプターに結合します。この2つのレセプターにコルチコイドがどのくらい結合しているか（飽和度）が、ストレスに対する反応に影響します。糖質コルチコイド血中濃度が高くない場合は鉱質コルチコイドレセプターへの結合が多く、記憶機能と免疫機能は高められますが、糖質コルチコイド濃度が高くて糖質コルチコイドレセプターが活性化されると、記憶も免疫も抑制されます。

したがって、弱いストレスでは糖質コルチコイドは鉱質コルチコイドレセプターに結合して、記憶と免疫が高められますが、強いストレスでは鉱質コルチコイドレセプターにも糖質コルチコイドレセプターにも糖質コルチコイドが結合して、記憶と免疫が抑制されることになります。リスザルを使った最近の研究でも、軽い精神的ストレスは空間認識を高めるとともに、海馬の神経細胞を増加させることが報告されています[20]。

興味深いことに、糖質コルチコイドの血中濃度は日内変動があるために（一日の時間帯によって血中濃度が異なる）、鉱質コルチコイドレセプターの飽和度も時間帯によって異なります。午前中は糖質コルチコイドの血中濃度が高く午後は低いので、午前中はストレスに弱く午後はストレス耐性があるのかもしれません。想像をたくましくすれば、感受性の高い午前中の方が、勉強には向いていると言えるかもしれません。

また、糖質コルチコイドはコルチコイドレセプターを介して副腎皮質刺激ホルモン放出ホルモンおよび視床下部-下垂体-副腎系を調節しています。最終的なホルモンが上位のホルモンを調節するこのような仕組みは、フィードバック機構です。ハーマンたちは、[21]海馬と前部帯状回はストレスで誘導される視床下部-下垂体-副腎系の活性化を抑制し、扁桃体とおそらくは下辺縁皮質も、糖質コルチコイドの分泌を促進していると述べています。

(5) ストレス反応とエピジェネティックな調節I
——糖質コルチコイドレセプター遺伝子のメチル化

視床下部-下垂体-副腎系とストレス反応性がエピジェネティックに調節されていることについて、マッギル大学のミーニーたちは見事な証明を行いました。[22～25]実験用ラットにロング・エバンスという系統のラットがあります。この系統は純系（正確な表現は近交系）ではありません。（ラットはいわゆるドブネズミで、体重300グラムくらい、マウスはハツカネズミで、体重はその10分の1です。）この系統のラットの母親には、子どものラットをしっかり舐めて毛づくろいもしてやる、しっかり養育をするタイプと、あまり舐めないし毛づくろいもしてやらない、養育しないタイプがいます。この行動の違いは母ラットの出産後1週間以内にすでに見られます。そして養育をしないという行動は、子どものラットの海馬の糖質コルチコイドレセプター遺伝子のプロモーター部分のＤＮＡ構造を、一部メチル化させます。母親の行動が子どもラットのＤＮＡの構造を変えるのです。ＤＮＡのメチル化の結果、養育をしてもらわなかった子どものラットは恐怖心の強い、ストレスに対する耐性が弱いおとなになります。

さらにまた、クロス・フォスタリング（cross-fostering）実験といって、養育をよくする母親と養育をしない母親を入れ替える実験を行うと（十分に養育する母親ラットの子どもを養育しない母親ラットに世話をさせ、養育しない母親ラットの子どもを十分に養育する母親ラットに世話をさせる）、子どもラットの糖質コルチコイドレセプター遺伝子のプロモーター部分のＤＮＡのメチル化は、養い親のＤＮＡのメチル化と同じパターンになります。養い親が世話をしないタイプなら子どもラットのＤＮＡはメチル化し、世話をするタイプなら子どもラットのＤＮＡのメチル化はほとんど起こりません。[22] この結果、つまりＤＮＡのメチル化は親を入れ替えると養い親と同じパターンに戻ってしまうという結果は、マウスに嗅覚刺激と電気刺激の組み合わせを用いて、嗅覚神経細胞におけるＤＮＡのメチル化を検討した実験の結果とは異なっています。[26] 後者では、親を入れ替えてもメチル化は元に戻りません。この実験については後で詳しく紹介します。

子どもの時期に養育をしてもらわなかったラットに、おとなになってから脳内にヒストン脱アセチラーゼ阻害剤を注射すると、ストレスに対する耐性の弱さが解除できることも明らかになりました。

糖質コルチコイドレセプタータンパク質発現の調節機構は次の通りです。母ラットから舐められたり毛づくろいをされたり養育を受けると、子どもラットの海馬ではまずセロトニンが増加します。（前述の扁桃体ではセロトニンは不安を増強していましたが、海馬ではセロトニンは結果的に不安を弱めます。脳の部位によって、セロトニンの作用が異なります。）セロトニンが増加すると神経成長因子誘導タンパクAの発現が増加します。神経成長因子誘導タンパクAが糖質コルチコイドレセプター（GR）遺伝子プロモーターへ結合すると、GR遺伝子プロモーターDNAのアセチル化と脱メチル化がおこり、GR遺伝子の発現が増加してGRが増加します。GRが増加すると血中糖質コルチコイドはGRに結合して、血中濃度が低下します。（レセプターに結合していない遊離の糖質コルチコイドが減少します。）血中糖質コルチコイドが低下するのでステロイドの作用は弱くなる、つまりストレスの影響は弱くなります。その結果、母親から十分な養育を受けた子どもラットは、ストレスに対する反応が軽くなるのです。このストレス耐性はおとなになるまで続きますし、養育を受けた雌の子どもラットが母親になると、自分の子どもも同じように養育します。ゲノム（DNA配列）そのものの変化はおきていないのですが、永続性のある遺伝子発現の変化が続きます。この結果は、ダーウィンの自然選択説で駆逐されたラマルクの獲得形質遺伝説の再興という性格も持っています。進化は、自然選択のみで説明し尽くせるものではないと言えそうです。

興味深いことに、生まれてすぐのラットの子どもにブラシでなでてやるような触覚刺激を1週間以上続けると、おとなになってから海馬のGRの発現が増加していることも明らかになっています。[27]

ミーニーたちはさらに、ヒトの海馬のニューロン特異的糖質コルチコイドレセプター遺伝子の発現における、エピジェネティックな調節機構を明らかにしました。[25] 彼らはケベック州の脳バンク（研究用に死後、脳を提供してもらって保存しておくシステムで、日本にもあります）から提供された脳を用いました。① 子どものとき虐待を受けて成人になってから自殺した人、② 子どものとき虐待は受けなかったが成人になってから自殺した人、③ 虐待も受けず、自殺以外の理由で急死した人、それぞれ12人の脳について調べました。その結果、子どものとき虐待を受けた人では海馬のニューロン特異的糖質コルチコイドレセプター遺伝子のメッセンジャーRNAの量が減少していることを見出しました。

前述のラットの実験と併せて考えると、この結果は子どものとき親から十分な養育を受けることが、ストレスに対する耐性を獲得するうえできわめて重要であることを意味していて、子どもの時期に起きるエピジェネティックな調節は成人期に至るまで影響し、精神病理学的な結果（自殺）をも引き起こすと考えられました。さらにこのエピジェネティックな変化は、次の世代にも引き継がれるのです。[28～29] ただし、動物実験に関するかぎり、前述のように十分な養育をしてやったり、薬物投与によって元にもどすことが可能です。以上から連想することですが、現在、我が国ではいじめが大きな社会問題になっています。いじめの成立にも遺伝子、環境、そしてエピジェネティックスが関わっているはずです。いじめ問題の解決には広汎かつ深い分析が必要で、発達心理学的、また、行動遺伝学的理解も不可欠だと思います。

ルービーたち[30]は、早期の母親による養育が得られない場合、子どものストレス耐性が弱まったり、海馬の容積が減ったり、海馬のGR遺伝子がメチル化したり、あるいはうつ病のリスクが増えると述べています。母親から十分な養育を受けた子どもはそうでない子どもに比べて、小学生の時期の海馬の容積が大きいとも報告しています。

ルーマニアにおいて早期に母親から別離してしまって孤児院で育つ子どもたちについて調べた研究[31]では、検討した1万4000の遺伝子の6％が有意にメチル化していて、メチル化の割合は家庭で育った子どもたちより89％も多かったとのことです。注目すべきこととして、メチル化が高まっていた遺伝子の多くは免疫機能や細胞情報伝達系に関与しているものだったそうです。ストレスの多い環境で育った子には、免疫能や思考能力の低下がおきるのかもしれません。

（6）ストレス反応とエピジェネティックな調節Ⅱ
——セロトニントランスポーター遺伝子のメチル化

前述のように、セロトニンは危害からの逃避や不安傾向に関わる神経伝達物質です。セロトニントランスポーター遺伝子プロモーターのSキャリアー（プロモーター部分の対立遺伝子が短いタイプの人）では不安傾向が増大すると述べましたが、LLの人（対立遺伝子が長いタイプ）と比較して、Sキャリアーの方が弱いストレスでもメチル化されやすいと報告されています。[27]このことは、遺伝子と環境の相互作用があることを示しています。特定の遺伝子を持つ人（Sキャリアー）がストレスという特定の環境下におかれるとセロトニントランスポーター遺伝子がメチル化されて、対応するセロトニントランスポータータンパクの合成が低下し、その結果、扁桃体のセロトニンレベルが上昇して、不安が強くなります。ビーチたちも、[32]子どもの時期に虐待を受けるとセロトニントランスポーター遺伝子のプロモーターがメチル化され、その変化は成人まで続くと結論しています。やがては心的外傷後ストレス傷害（PTSD）やうつの発症との関連も考えられます。Sキャリアーはストレス耐性が弱いのなら、進化と結びつけて考えるとSキャリアーが生き残るだけの長所があったはずだと述べる研究者もいます。[33]心配しすぎというのは大脳辺縁系の過剰な反応性ということでありSキャリアーの特徴ですが、容易に不安に陥る傾向がある反面、不安に陥るということは認知能力が高いことも意味します。この指摘は、前述のケーガンのいう高反応な気質は子どもを危険な行動から守る長所があるという見解と一致しています。

性格の発現は遺伝子、環境、そして遺伝子環境相互作用によって決定されると考えられます。思春期のうつ状態を例にして環境について述べると、環境は子ども本人の環境と家族のメンバーに共通した環境が考えられます。子ども本人の環境とは友達関係など人生のさまざまな局面で遭遇する環境ですし、家族に共通の環境とは両親の精神状態や経済的な問題などがあげられます。

前述のセロトニントランスポーター遺伝子プロモーターのSキャリアーでストレスに弱く不安傾向が増大するという症状は、遺伝子環境相互作用の一例です。環境から受けるストレスが弱ければ、Sキャリアーの人でもうつ状態には陥らないそうです。[34]

以上に述べたセロトニン神経系による不安の調節機構を整理すると、前シナプス神経細胞内でセロトニンは必須アミノ酸のトリプトファンから生合成されます[6]（図2）。セロトニンは細胞外に放出されると標的細胞のセロト ーンレセプターを活性化して効果を発揮しますが、一部はセロトニントランスポーターによって前シナプス神経細胞内に取り込まれます。セロトニンが関与する脳機能は多岐にわたりますが、情動の調節にもセロトニン神経系が作用します。セロトニンレセプターには7種類のサブファミリー、14個のサブタイプがありますが、このうちの一型であるセロトニンレセプター1Aは、セロトニン神経の活動に負のフィードバックをかけます。セロトニンレセプター1A遺伝子の－1019番目の塩基はC（シトシン）の人が多いのですが、G（グアニン）の人の場合、レセプターの発現量が増加し、その結果、遊離セロトニン量が減少して不安は弱くなります。

（7）ストレス反応とエピジェネティックな調節Ⅲ
――脳由来神経栄養因子遺伝子のエピジェネティックな調節

脳由来神経栄養因子（BDNF）は辺縁系と大脳皮質に多量に発現していて、長期増強（活発なシナプス伝達によって、その後のシナプス伝達が数時間から数日、増強すること）や神経形成に重要です。学習や記憶や報酬に関連した反応に主要な役割を果たしています。ブールたち[35]は、この遺伝子のエピジェネティックな調節について総説を発表しています。全体像がよくわかるので、その概要を紹介します。

それによれば、神経精神医学的疾患の発病には、異常な脳由来神経栄養因子のシグナルが重要な役割を果たしています。また、向精神薬はこの因子の関与するシグナル伝達系を活性化します。脳由来神経栄養因子遺伝子の多型はこの因子のメッセンジャーRNAの発現に影響しますが、それ以外にもメッセンジャーRNA発現に影響するものがあります。エピジェネティックスが代表的で、この因子のタンパクの量と機能に影響しています。エピジェネティックスの結果、精神疾患の治療効果が得られるのが遅くなったり、再発が起きやすくなったりします。この遺伝子のエクソン（メッセンジャーRNAに翻訳される、タンパク情報をコードしている遺伝子領域）[注1]に特徴的なエピジェネティックな修飾を目標にした薬物の開発が期待されています。

脳由来神経栄養因子のレセプターには2種類あり、1つはp75ニューロトロフィンレセプターで、これはすべての神経栄養因子によって活性化されます。神経栄養因子（ニューロトロフィン）とはニューロンの生存、分化、機能に関わる一群のタンパクの総称です。もう一つのレセプターはチロシン残基キナーゼB（TrkB）と呼ばれ、脳由来神経栄養因子のほか、NT4／5と呼ばれるニューロトロフィンのレセプターです。脳由来神経栄養因子依存性のチロシン残基キナーゼBの活性化は脊椎動物の神経系の発達やシグナル伝達系の損傷に深く関わっていて、多数の神経疾患や精神疾患の原因となっています。

脳由来神経栄養因子の発現調節にはいくつかの機構があります。一つはこの因子の長さの異なるメッセンジャーRNAを用いることで発現を調節します。また、マウスの場合はシナプス間隙における脳由来神経栄養因子の前駆体と、それからできる成熟したこの因子のバランスがニューロンの可塑性には必須です。このほかに、この遺伝子の発現を調節しているのがエピジェネティックな機構です。ラットの脳由来神経栄養因子遺伝子のプロモーター部分がメチル化されると、メチル化された部分に結合する特別なタンパクが結合して転写を阻害します。さらにこの遺伝子のエクソンⅣのヒストンがメチル化すると転写が抑制されますし、ヒストンがアセチル化すると転写は亢進します。

ネズミでは、環境のストレス要因が脳由来神経栄養因子の作用や機能に影響することが知られています。ストレスによって生じるこの因子のメッセンジャーRNAの発現は、ストレスを受けた時期、タイプ、持続時間、頻度によって異なります。

脳由来神経栄養因子はネズミの前辺縁皮質や扁桃体における恐れの記憶の増強や消去に必要です。恐れを条件づけされたラットでは、この遺伝子のエクソンⅠとⅢは著しく発現が増強しています。一方、前頭前皮質における恐れの条件づけを消去する場合は、エクソンⅠとⅣの発現が増加しています。エクソンⅣの発現の増加は、プロモーター近くにあるヒストンH4のアセチル化の亢進を伴っていました。このことは前頭前皮質におけるこの遺伝子のプロモーターのヒストンのアセチル化と消去学習が関連していることを示唆しています。

海馬では異なった2つの認識作業、たとえば新しい環境を学ぶことと、その環境に対して抱く感情という2つの作業に対して、この遺伝子の別々のエクソンを使っていることが考えられます。この遺伝子のメチル化は、海馬のシナプス可塑性の変化を調節する重要な機構です。

このように、この遺伝子のエピジェネティックな調節は学習や記憶や関連疾患において決定的な役割を果たしていると考えられますが、ヒトでは動物モデルで見られたような説得力ある証拠はまだ報告されていません。

自殺した人やうつ病患者さんの死後の脳を調べると、脳内の脳由来神経栄養因子レベルが低下していることが明らかになっています。ネズミでは、脳内のこの因子のレベルの低下が歯状回の神経の分化を阻害してうつ様行動に関与しています。逆に、うつ病モデルネズミの海馬に脳由来神経栄養因子を注射すると、抗うつ効果が認められます。さらに、選択的セロトニン再取り込み阻害薬のような抗うつ薬は、ネズミでこの因子の関与したシグナル伝達系を活性化し、慢性ストレスによって引き起こされた神経の萎縮や神経細胞の消失に拮抗することが知られています。うつ病モデルマウスの海馬ではこの因子のメッセンジャーＲＮＡⅣとⅤのレベルが低下しています。

ヒトでは、妊娠中の母親の薬物中毒や喫煙による胎児の脳への影響の一部が脳由来神経栄養因子発現のエピジェネティックな調節を介している可能性があります。統合失調症の場合はこの遺伝子のコドン66のバリンがメチオニンに変異している多型が関係していて、この疾患で脳の容積が減少する原因の一つかもしれません。この多型の頻度は白人の20～30％とされています。この因子のコドン66がメチオニン／メチオニンのホモのマウスでは、ストレス環境下に置かれると不安行動を示し、これは抗うつ薬のフルオキセチン（選択的セロトニン再取り込み阻害薬の一つ）では正常化しません。したがって脳由来神経栄養因子のメチオニン変異は不安やうつ病の遺伝学的背景の一つである可能性があります[36]。また、ヒトでは心的外傷後ストレス障害（ＰＴＳＤ）の患者では、脳由来神経栄養因子コドン66がバリン／バリンの人に比べてメチオニンを持っている人（バリン／メチオニンまたはメチオニン／メチオニンの人）では、認知行動療法の治療効果が弱いことも知られています[37]。

統合失調症患者の死後の脳検索では、前頭前野の一部の領域の脳由来神経栄養因子のメッセンジャーＲＮＡとそのタンパクが著しく減少しています。さらに統合失調症患者の血清中のこの因子のレベルは著しく低下していることも報告されています。しかし、これらはバラバラな研究であって、相互比較もできませんし、そもそも統合失調症は単一疾患ではなく、その成因も複雑ですから、結果の解釈には十分な注意が必要です。

現時点で言えることは、脳由来神経栄養因子の遺伝的多様性にはエピジェネティックな調節が関わっていて、統合失調症の病態生理に重要だということです。抗うつ薬や気分安定剤のような一般的な向精神薬は、この遺伝子のエピジェネティック調節を阻害します。また、ラットに電気ショックを与えるとこの遺伝子のプロモーターⅡあるいはⅣとⅤのヒストンのアセチル化がおこり、この因子のメッセンジャーRNAの発現が増加することから、電気ショック療法はこの遺伝子のエピジェネティックな調節効果があると思われます。

ヒストン脱アセチラーゼ阻害剤のこの因子に対する作用は、転写の阻害作用と関連しています。たとえば抗てんかん薬として臨床的によく用いられるバルプロ酸は、マウスの恐怖の消去実験モデルにおいて、脳由来神経栄養因子エクソンⅣ遺伝子プロモーターの過剰なアセチル化を介して前頭前野のこの因子のエクソンⅣメッセンジャーRNAの産生を増加させます。このほか、DNAメチルトランスフェラーゼ阻害剤のゼブラリンはこの遺伝子のメチル化を低下させて、海馬での恐怖記憶を増強させます。

環境はさまざまに生体に影響しますが、とくに幼若な動物には影響が大きく、脳由来神経栄養因子の減少や作用を阻害することで精神疾患の発症に関与します。

慢性的なストレスへの曝露に伴う否定的な感情反応は、主に海馬と前頭前野の脳由来神経栄養因子レベル低下と関連しています。自殺したヒトのウェルニッケ野（聴覚性言語中枢）や、胎内で母親の喫煙に曝露されていた健康成人の白血球中では、この遺伝子のメチル化が認められます。一方、コドン66のメチオニン変異を持った統合失調症患者では、バリン変異を持った患者に比べて前頭前野のこの遺伝子のメチル化は減少しています。このようなエピジェネティックな変化が疾患の原因なのか結果なのか、まだ結論は出ていませんが、動物モデルでは環境のリスク要因（一例は大うつ病における慢性ストレス）がエピジェネティックスを介してこの因子のレベルを調節することと、たとえば抗うつ薬のような薬理学的手段がエピゲノム（エピジェネティックな作用によって生じた変化を持ったゲノムの意味）の変化によってこの因子のレベルを回復させることから考えると、疾患に伴う随伴現象というよりも、疾患の原因そのものではないかと推察されます。

この因子のメッセンジャーＲＮＡにはスプライシング（遺伝子から転写されてできたＲＮＡからイントロン部分が除去されて残りのエクソン配列が連結する反応）の違いによって、いくつかの長さの違う変異体がありますが、これらの変異体それぞれに神経細胞内の標的領域が決められています。

ネズミの培養神経細胞では脳由来神経栄養因子エクソンⅣは神経細胞の細胞体に、エクソンⅡとⅦは樹状突起に、Ⅰは細胞体と樹状突起の両者に分布しています。樹状突起中のメッセンジャーＲＮＡは脳由来神経栄養因子タンパク合成とシナプス可塑性に関与しています。

前述のヒストン脱アセチラーゼ阻害剤やＤＮＡメチルトランスフェラーゼ阻害剤はゲノムに作

用するゆえに、副作用も多彩です。ＤＮＡメチル化阻害剤は実際、がんの転移に作用したり、自己免疫疾患を悪化させたりする可能性があります。

今後の研究の方向として考えられることを以下に述べます。まず、期待できる治療法としては、脳由来神経栄養因子タンパクのレセプターであるチロシン残基キナーゼBを標的にすることが考えられます。レセプターとしては前述のようにp75とチロシン残基キナーゼBがありますが、チロシン残基キナーゼB特異的な作動物質と拮抗物質が最近報告されました。向精神薬の開発には、ターゲットとなる脳領域や遺伝子部位に特異性のある分子を探索することが重要です。

次に、精神疾患における脳由来神経栄養因子遺伝子のエピジェネティックな調節の意味をさらに明らかにするためには、ヒトの脳におけるエピジェネティック調節がネズミの場合と同じように認められるかどうかを明らかにしなくてはなりません。そのためには、ヒトの死後脳の検索が必要です。ヒトの死後、少なくとも48時間までは、遺伝子プロモーターにおけるＤＮＡメチル化パターンは保存されていると報告されています。

もう一つ必要なことは、白血球における脳由来神経栄養因子遺伝子発現調節を明らかにすることです。精神疾患患者脳中の変化が末梢血白血球中の変化にもしも反映されているとしたら、それはどの程度でしょうか。もしそうなら、白血球を脳の検索の代わりに用いることができるのでしょうか。

それから、脳の発達過程において悪い環境に暴露されることは、情動障害や統合失調症を含めた発達病態心理上のリスク要因であるということはよく知られています。脳由来神経栄養因子遺伝子に対する環境要因のエピジェネティックな影響を動物モデルと死後脳内病変と白血球とでさらに明らかにするとともに、エピジェネティックな状態と表現型としての行動の関連を評価していかなくてはなりません。ヒトで白血球を用いてそのような変化がモニターできるならば、リスクのある個人において精神疾患の発病前から発病するまでの病理的解明や疾患の進行の予測に役立つでしょう。

また、前述のコドン66のバリンがメチオニンに変異している多型がDNAメチル化に及ぼす影響や、ヒストン修飾に及ぼす影響も明らかにする必要があります。もしこの多型が脳由来神経栄養因子プロモーター領域のDNAメチル化に影響するなら、これはこの遺伝子が精神疾患についての脆弱因子である根拠の一つになるとともに、多型効果のエピジェネティックな機序の一例になるでしょう。

(8) 嗅覚のエピジェネティックス

この章では、性格決定に及ぼすエピジェネティックな調節についていくつか述べましたが、エピジェネティックスに関連してもう少し論じてみたいと思います。最近、嗅覚のエピジェネティックな調節について大変興味深い報告がなされました。嗅覚は性格決定に直接結び付くものではありませんが、また一つ、エピジェネティックな調節機構が明らかになってきたのです。マウスに嗅覚刺激と電気刺激を組み合わせて条件づけすると鼻の嗅覚上皮と脳の嗅球神経細胞のＤＮＡのメチル化がおこり、これは子どもや孫世代まで伝えられます[38]。

糖質コルチコイドレセプター遺伝子のエピジェネティックな調節研究の項で述べたように、ラットの養育実験では十分な養育をする母ラットの子どもを、養育しない母ラットに世話させると、この母は子どもを舐めたりかわいがってくれないので、子どもラットの海馬の糖質コルチコイドレセプター遺伝子のプロモーターＤＮＡはメチル化してしまいます。つまり、親を入れ替えると（クロス・フォスタリング）、実の親から受け継いでいたメチル化しないＤＮＡが養い親と同様にメチル化するという結果でした。クロス・フォスタリングでＤＮＡのメチル化が入れ替わってしまったのです。しかし、マウスの嗅覚刺激と電気刺激を組み合わせた条件づけ実験では、クロス・フォスタリングをしても神経細胞のＤＮＡメチル化に変化は生じません。メチル化は固定されてしまっています。親の代におこった嗅覚刺激に対するエピジェネティックな変化は、環境の変化がおこっても子や孫の代まで伝えられることになります。このことは重要な意味を持っています。エピジェネティックな変化はラットの養育実験のように元にもどせるものと、マウスの嗅覚刺激＋電気刺激実験のように、少なくとも孫の世代までは元に戻せないものがあることになります。

このマウスの実験について説明してみたいと思います。その前に一つだけ追加すると、この実験では鼻の嗅覚上皮にあるにおい感受性ニューロン（嗅覚受容細胞あるいは一次嗅覚ニューロン）と、このニューロンから情報を受け取る脳の嗅球の二次嗅覚ニューロンの両方のニューロンについて論じています（図3）。この両方のニューロンがこの実験で用いられるアセトフェノンのにおいを識別できるM71においレセプターを持っているのです。

マウスの実験は次のように行われました。[38] まず、大学の動物実験研究施設で2か月齢の交尾したことのないオスのマウスが準備されました。交尾したことのないオスマウスに限定するのは、この実験では、後述のようにDNAのメチル化が条件づけられたオスマウスの精子におこっていて、それが次世代への遺伝の本体であるためと、交尾そのものがDNAメチル化に影響する可能性を除外するためです。マウスは近交系（純系）マウスと遺伝子組み換えマウス[注4]の2系統です。この組み換えマウスは嗅覚ニューロンがM71‐β‐ガラクトシダーゼ遺伝子を発現できるようにしたマウスです。β‐ガラクトシダーゼという酵素は組織標本を作るときに染色することができます。M71‐β‐ガラクトシダーゼは組み換え遺伝子で、M71に続いてβ‐ガラクトシダーゼ遺伝子が連続した構造ですから、β‐ガラクトシダーゼを染色できればM71‐β‐ガラクトシダーゼを発現しているニューロンを染色することができるので、このニューロンの存在する領域の面積を求めることができます。

2系統のマウスはどちらも、この実験で用いられるアセトフェノンという薬品のにおいを認識できます。どちらも嗅覚上皮の一次嗅覚ニューロンと嗅球の二次嗅覚ニューロンにアセトフェノ

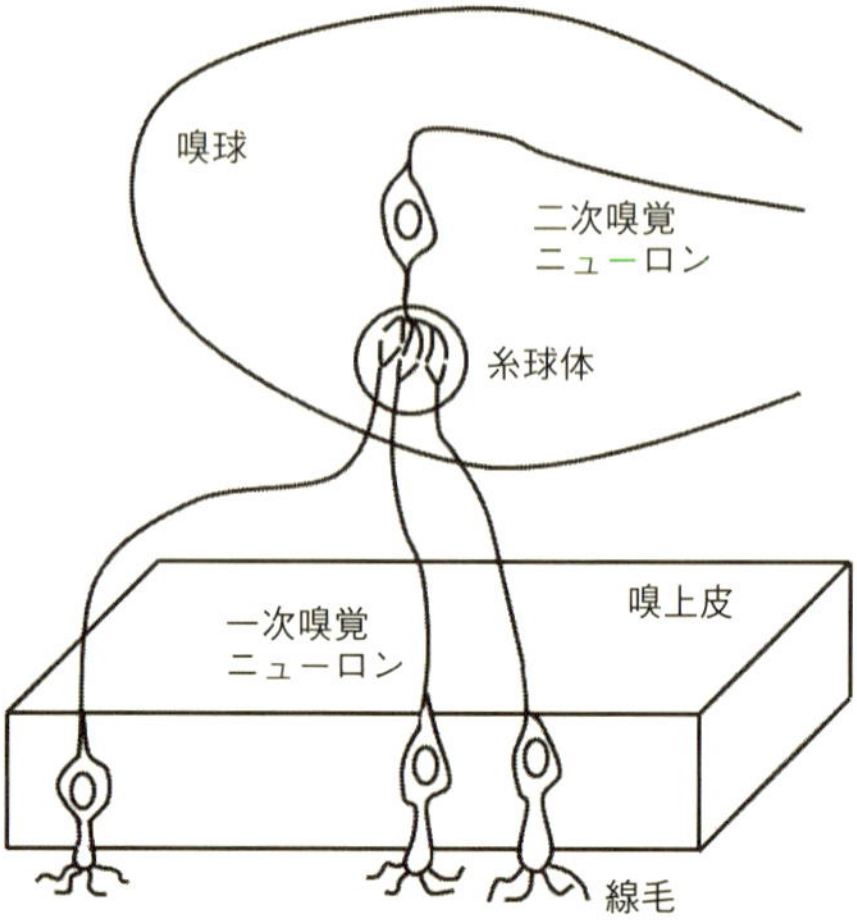

図３　嗅上皮の一次嗅覚ニューロンと嗅球の二次嗅覚ニューロン

鼻腔の天井に嗅粘膜（嗅覚粘膜、嗅上皮）が位置しますが、そこに一次嗅覚ニューロンがあります。一次ニューロンはにおい刺激を線毛のにおいレセプターで認識してその情報を脳の嗅球の二次嗅覚ニューロンに伝えます。（線毛は鼻腔に面しているので、鼻から吸われた空気中のにおい刺激を認識します。）

一次と二次の嗅覚ニューロンは嗅球の中で糸球体というシナプスを作ります。約25,000本の一次ニューロンの軸索が１個の糸球体に収束し、約100個の二次ニューロンの樹状突起とシナプスを作っています。

嗅球は左右の大脳半球の腹側面から出てその前下方に付着しているので２個あります。それぞれの嗅球は約2,000個の糸球体を持っています。二次ニューロンからの情報は嗅索を通って大脳の嗅皮質および関連した側頭葉の部位へ伝えられます（M・F・ベアーほか／加藤宏司ほか（監訳）, 2007[(6)]より）。

ンのにおいを認識するM71においレセプターを持っているからです。M71においレセプターはアセトフェノンのにおい分子と結合してアセトフェノンを認識しますが、プロパノールのにおいは認識しません。アセトフェノンはオレンジの花かジャスミンのような、甘くて鼻を刺すような刺激臭があります。

これらのマウスを①ホームのケージ（おり）、②アセトフェノンを小さな管に入れてにおうようにしたケージ、③プロパノール（プロピルアルコール。お酒のにおいです）がにおうようにしたケージの3種類のケージのどれかに入れます。このマウスは親世代（F0）になります。それぞれのマウスをF0-H、F0-A、F0-Pと表示することにします。これらのオスマウスをつがわせるメスマウス（F0メスマウス）には、におい刺激を与えません。これらF0世代の子どもマウス（F1）のオスをそれぞれF1-H、F1-A、F1-Pとします。

次に親世代マウスの条件づけ方法についてです。

恐怖をひきおこすような驚愕刺激は、恐怖を学習する実験ではよく用いられます。このような実験では嫌悪感をもよおすような手がかりと組み合わせて驚愕に対する反応を検査します。この学習実験はまさに、古典的なパブロフの条件づけ実験です[39〜40]（第3章注2参照）。パブロフの実験ではエサをもらえるという、イヌにとっては好ましい刺激でしたが、今回のマウスにとっては電気刺激という嫌な刺激です。

研究者たちは、驚愕刺激の前に、におい刺激を与える方法をとりました。におい刺激は10秒間です。驚愕刺激は電気刺激で、市販の実験用驚愕反応システム装置を用いて0・4ミリアンペアの電流をケージの床に0・25秒通電しました。F0世代ではアセトフェノン刺激+電気刺激で条件づけられたオスのマウスはアセトフェノン刺激だけで驚愕を示すようになります。アセトフェノンのにおいをかぐと電気刺激を予想して恐怖を感じるのです。子ども世代（F1）マウスでもF1‐Aは驚愕を示しました。しかし、F1‐Aを別のにおいのプロパノールで刺激しても驚愕を示しませんでした。以上のことは、近交系マウスでも組み替えマウスでも同じように認められました。F0世代の最初の嗅覚刺激をプロパノールに変えると、今度はプロパノールに対してだけ驚愕を示しました。プロパノール刺激の場合の嗅覚レセプターはM71レセプターではなくて、別のレセプターです。

それから、F0世代のにおい経験がF1世代の脳に解剖学的変化をおこすことについてです。今回の研究以前にレスラーたちは、アセトフェノンによるにおい刺激+電気刺激をF0世代のオスに行っていて、鼻の嗅覚上皮のM71レセプターを発現している嗅覚ニューロンと脳の嗅球のM71陽性領域の増加をみとめています[39]。今回の研究では、アセトフェノンによるにおい刺激を学習したF0オスマウスの子ども（F1‐A）マウスでも、鼻のM71陽性一次嗅覚ニューロンも嗅球のM71陽性二次嗅覚ニューロンも増加していました。一次ニューロンと二次ニューロンがシナプスを作る領域は嗅球の中にあって、糸球体と呼ばれます（図3）。この糸球体も大きくなっていました。

続いて、F2（孫）世代への遺伝と体外受精を用いた実験についてです。アセトフェノンまたはプロパノールで条件づけられた親マウスの子どもで、交尾したことのないF1オスマウス（F1‐AとF1‐P）を条件づけられていないメスマウスとカップルにして、F2世代（F2‐AとF2‐P）を得ます。におい刺激＋電気刺激で条件づけられたのはF0世代のオス（祖父）だけです。F2マウス自身はアセトフェノンを今までにおったことがなかったにもかかわらず、条件づけられたF0マウスの刺激条件（アセトフェノン刺激）と同じ刺激で驚愕を示します。F2世代も、M71ニューロンがシナプスを作る糸球体部が拡大していました。

体外受精実験ではF0オスマウスに条件づけを行って、10日後にその精子を採取し、条件づけられていないメスの卵子と体外受精させることによってF1世代（体外受精のF1‐AとF1‐P）を得ます。体外受精F1世代マウスの場合も、祖父がアセトフェノン刺激を受けたF2マウス（F2‐A）と同様に、嗅球内のM71陽性糸球体が拡大していました。条件づけ効果が遺伝することが明らかになりました。

ところで、生物は環境の変化に応じて生き残りをはかるわけですが、遺伝子の変化の速度は遅いので、環境の変化に素早く対応することは困難です。たとえば、ある標準的なタンパクについて考えると（1000個のアミノ酸から成ると仮定して）100万年でアミノ酸が1個置き換わる（進化する）程度と推測されています（宮田隆 p.74）[42]。ちなみに「進化」という語は進歩や前進と誤解されやすいのですが、本来、ダーウィンと進化学者は「進化」にはそのような意味は込めておらず、変化を伴う継承というのが元々の意味とされています（宮田隆 p.21）[42]。あるいはゲノム全体で考えると、ヒトとチンパンジーの分岐が６００万年前として、ヒトを含む霊長類では、ゲノムあたり毎年３塩基が新しいタイプとして固定してきたと考えられています（榊佳之 p.206）[43]。

また、以下のような解説もあります（フランシス・コリンズ p.126）[44]。それによるとヒトの１世代あたり、１億の塩基対につき約１つのエラーが起きると見積もられているので、ヒトでは30億の塩基対を持つゲノムを父方と母方からそれぞれ１つずつ受け継いでいるから、両親のどちらにもなかった約60の新しい突然変異が誰にでもあることになります。これらの突然変異の大部分は、ゲノムの本質的ではない部分に起きるため、ほとんど何の影響も及ぼしませんが、ごくまれに、わずかながら選択上の優位をもたらすような突然変異が偶然現れた場合、非常に長い時間を経て、このような好条件を産む希少な変異は、その種のすべての個体に広まるとされています。

これでは急激な環境の変化にはとても対応できません。そこでヒストン修飾やＤＮＡメチル化などのエピゲノム修飾を用いれば、きわめて短期間でダイナミックに変化する（ＤＮＡ配列に変化を加えることなく、遺伝情報を動かすプログラムを柔軟かつ迅速に変更する）ことが可能になります[45]。これがエピジェネティックスという仕組みが存在する理由と考えられます。

（9）加齢に伴うエピジェネティックな変化――一卵性双生児における研究

年齢とともに一卵性双生児の2人に生じるエピジェネティックな遺伝子の変化パターンを調べた研究があります。タランたち[46]は230組の18～89歳の一卵性双生児について、一般によく見られる疾患に関連したいくつかのDNAメチル化のパターンを調べました。ゲノムDNA全体のメチル化の評価にはLINE‐1を用いました。LINE‐1はヒトのトランスポゾン（転位因子）の中で最も重要なもので、ヒトゲノム全体の17％を占めますから、LINE‐1のメチル化の程度はゲノム全体のメチル化と同じ傾向にあると考えられます。メチル化の検討対象の疾患関連遺伝子としてインプリンティングを受けない遺伝子座3つと、インプリンティングを受ける遺伝子座4つの計7つが使われました。

遺伝子は、それが常染色体上にある場合は両親から1組ずつ受け継いでいます。本来、両親の遺伝子は対等に発現する（転写、翻訳され、タンパク合成する）はずですが、片方の親からの遺伝子だけが発現するようになっている場合をインプリンティング（刷り込み）と呼び、エピジェネティックな調節によって発現するかどうかが決められています。インプリンティングにおけるエピジェネティックな調節、とくにDNAメチル化修飾については以下のような解説があります[17]。

ゲノムDNAのメチル化は、DNAに新たにメチル化模様を書き込む、形成されたDNAメチル化模様を次世代の細胞に伝える、DNAからメチル基を除去してメチル化模様を消去する、の3つの活性の総和として規定されている。エピジェネティックな遺伝子情報の発現調節機構においては、単細胞生物や体制が比較的単純な動物種ではDNAのメチル化修飾は存在しないが、ゲノムサイズが飛躍的に増大した脊椎動物ではメチル化の程度は増大する。哺乳類には現在まで3種類のDNAメチルトランスフェラーゼ（Dnmt1、Dnmt3a、Dnmt3b）が同定されている。哺乳類の生殖細胞では、始原生殖細胞が形成される極初期にゲノムのメチル化模様は消去され、生殖細胞の成熟過程と胚発生の初期に再びゲノム全体にメチル化模様が書き込まれる。このとき、一部の遺伝子領域では性特異的なメチル化模様がつけられ（インプリント遺伝子）、体細胞で対立遺伝子の一方だけが発現する原因となる。生殖細胞でゲノム全体をメチル化するのはDnmt3a（DNAメチルトランスフェラーゼ3a）である。Dnmt1は、いったん形成されたメチル化模様をDNA複製の過程で維持してゲノムDNAのメチル化模様を保つ維持型DNAメチルトランスフェラーゼと考えられている。[47]

さて、タランたち[46]はまず、DNA全体のメチル化と7つの遺伝子座について若年の双生児（30歳以下、66組）と高齢の双生児（74歳以上、67組）を対象に検討しました。DNAメチル化の個人差を標準偏差で評価すると、ゲノム全体のDNAメチル化については、高齢者と若年者の両群ともに個人差は少ないようでした。個々の遺伝子座についてはバラツキが大きいものと少ないものがありましたが、全体のメチル化のバラツキは高齢者は若年者の1・5倍でした。

次にペアの双生児2人ずつのメチル化のバラツキを若年者と高齢者の2群で比較しました。ペア内の全体のメチル化は、両群ともに小さなバラツキしか認められませんでした。一卵性双生児のペアごとの各遺伝子座のメチル化のバラツキは常に高齢者の方が若年者より大きかったのですが、高齢者のペアの中には2人のあいだでDNAメチル化がほとんど同じ場合も認められました。（タランたちはそれ以上言及していませんが、一卵性双生児のペアの高齢者のあいだでDNAメチル化がほとんど同じというケースは、第2章のオスカーとジャックという、外見も行動もすっかり同じ双生児の話を連想させます。）ペア内の2人の違いの標準偏差は総じて高齢者が若年者より有意に高い値を示しました。[40]

それからタランたちは19組の高齢の双生児ペアを対象に、全体のDNAメチル化と5つの遺伝子座のメチル化について、10年の間隔をあけて2回検討しました。すると全体のDNAについても、5つのうち4つの遺伝子座でも、バラツキの程度は大きくなっていました。このような加齢に伴う全体のDNAおよび個別の遺伝子座のメチル化の増加の原因は、やはり環境の影響によるものと考えられました。

以上の結果から、成人の場合、加齢とともに全体のDNAのメチル化も蓄積されていくし、インプリンティングされる遺伝子座もインプリンティングされない遺伝子座も、高齢になるまでメチル化は続くことが明らかになりました。エピジェネティックなバラツキの増加は、主に個人個人にそれぞれユニークな要素によっておこります。すなわち、偶然性によるものと個人の環境によるものが原因です。興味深いことに、加齢に伴うＤＮＡのメチル化の増加はインプリンティングされない遺伝子座により多く、一方、インプリンティングされる遺伝子座はより安定していました。

新生児期や乳児期の一卵性双生児でのＤＮＡメチル化に関する研究によれば、このような早い時期でもＤＮＡメチル化のバラツキが認められているそうです。（第５章で説明するシャーニー[48]のネオジェノミックスに関連した結果かもしれません。）ＤＮＡメチル化は加齢とともに個人間のバラツキが大きくなるのが特徴です。

加齢に伴うＤＮＡメチル化の検討では、材料としてどの細胞・組織を用いるかという問題があります。細胞分裂が盛んな細胞では分裂に伴うＤＮＡメチル化において偶然のエラーが増えるので、バラツキは大きくなるでしょうし、細胞分裂が少ない細胞ではエラーが少なくなるので、バラツキも少ない傾向になるでしょう。以上、一卵性双生児におけるエピジェネティックな変化、とくにＤＮＡメチル化は、加齢とともに個人差が大きくなっていくという研究について述べました。

(10) セロトニン神経伝達系のエピジェネティックな調節とうつ症状
——一卵性双生児における研究

最近、セロトニントランスポーター遺伝子のプロモーター部分のCpGアイランド（シトシンとグアニンに富むDNAの特定の領域）のメチル化を一卵性双生児について調べて、臨床的なうつの評価と比較検討した研究結果が発表されました。[49] うつと関連するセロトニントランスポーター遺伝子についてDNAメチル化という視点と一卵性双生児を対象にしたという、いわばワリが2つある論文です。CpGアイランドのメチル化はメッセンジャーRNAの転写開始部位の－213塩基上流から－69塩基上流までの145塩基対部分（マイナスは転写開始部位より上流であることを意味します）に限定して検討されていますが、さらにそれより上流のセロトニントランスポータープロモーター部分の多型であるショート（S）対立遺伝子かロング（L）対立遺伝子かについても調べています。

論文の著者のジャオたちは、[49] 57～67歳の退役軍人の男性の一卵性双生児187組を対象に、①うつの評価を行い、②－213～－69上流部分にある20個のCpGアイランドのメチル化と、③セロトニントランスポータープロモーター部分の多型を検討しました。

結果はまず、CpGアイランドのメチル化は双生児のペアの間でよく相関していました。20個のCpGアイランドのうち、17個に有意の相関を認めました。DNAメチル化のバラツキは、うつの評価得点のバラツキと相関がありました。しかし、セロトニントランスポータープロモーターの多型とDNAメチル化やうつの評価得点には関連を認めませんでした。

CpGアイランドのメチル化はうつのような複雑な疾患の成立に関連するものの、この論文で検討された20個のCpGアイランドのうちでメチル化していた17個の1個ずつはわずかなリスクでしかないと考えられます。1個ずつの要素はわずかなリスク要因でしかないという現象は、ちょうど複雑な疾患では全ゲノム連鎖解析において、多数の遺伝子変異が疾患の原因と推定されても、1個の変異のリスクへの関与はわずかであることとよく似ています。

この研究で検討されたCpGアイランドの存在する領域はセロトニントランスポーター遺伝子のプロモーターのごく一部ですし、また、対象も退役軍人の男性の一卵性双生児というかなり限定された集団ですから、結果を一般化できるかどうかはわかりません。いずれにせよ、この研究はセロトニントランスポーター遺伝子のプロモーター領域のDNAメチル化のバラツキが、うつ症状のバラツキと関連していることを示しています。エピジェネティックな過程は逆転できる可能性があることから、うつや関連疾患の予防や治療の新しい方法の開発のヒントを与えるかもしれません。

(11) 入浴時によく泣く子の遺伝学的背景は？

今まで述べた事柄から単純に考えると、入浴時によく泣く児の一部は、①海馬の糖質コルチコイドレセプター遺伝子のプロモーターがメチル化していたり、②セロトニンレセプター遺伝子HT1RAが−1019Cであったり（不安反応の9％を説明）、③セロトニントランスポーター遺伝子プロモーターのSキャリアーであったり（扁桃体の活性化の違いの10％を説明）、④セロトニントランスポーター遺伝子プロモーター部分のCpGアイランドの多くがメチル化していたり、⑤男児ならモノアミンオキシダーゼA遺伝子のタンデムリピートがL型でこの酵素の活性が低かったり、⑥さらには脳由来神経栄養因子コドン66がバリン／メチオニンまたはメチオニン／メチオニンであったりするのかもしれません。ただし、エピジェネティックな過程は逆転できる可能性があることから、①や③や⑥のような機序に対しては、養育や薬物治療[23, 50, 51]によって対処することも考えられます。

この章のまとめ

・クロニンジャーは新奇性の探求、危害からの逃避、報酬への依存という3つの性格特性について、それぞれに関与する神経伝達物質はドーパミン、セロトニン、ノルエピネフリンであるとした。

・ハリリはクロニンジャーの仮説をさらに発展させ、3つの性格特性（不安傾向、衝動性、不安傾向＋衝動性）に対応して、それぞれ、①それを規定する脳回路、②神経伝達物質、③神経伝達物質の機能に関わる遺伝子の多型性を整理した。

・不安に対する神経伝達物質はセロトニンであって、危険が迫るとシナプス前ニューロンにおいてトリプトファン水酸化酵素2によってトリプトファンから中間代謝産物をへてセロトニンが合成され、セロトニンはシナプス間隙へ放出され、後ニューロンのレセプターに結合する（レセプターの一例はセロトニンレセプター1A）。一部は前ニューロンのセロトニントランスポーターによって前ニューロンに再取り込みされる。セロトニンはモノアミンオキシダーゼAによって分解される。トリプトファン水酸化酵素2、セロトニンレセプター、セロトニントランスポーター、モノアミンオキシダーゼA、各遺伝子の多型が個人の不安感の強弱に関係している。

・ストレス反応と視床下部 - 下垂体 - 副腎系は密接に関連している。ストレスで視床下部 - 下垂体 - 副腎系が活性化されると糖質コルチコイドが大量に産生される。すると記憶と免疫は抑制される。

・出生後1週間以内に母親ラットから十分な養育を受けなかった子どもラットの海馬では糖質コルチコイドレセプタープロモーターがメチル化され、その結果、糖質コルチコイドレセプターは減少する。このように遺伝子の発現が環境の影響で変動するような仕組みをエピジェネティックスと呼ぶ。糖質コルチコイドレセプターが減少すると、糖質コルチコイドの血中濃度は常に高レベルになり、成長するとストレス耐性が弱いおとなのラットになる。十分な養育を受けなかった子どもラットが母親になると、自分の子どもを養育しない。養育をする、しないという行動傾向は、エピジェネティックスによって遺伝的に次世代へ受け継がれる。

・ヒトでも同様の傾向がある。子どものときに虐待を受けた人は海馬の糖質コルチコイドレセプターが減少していてストレス耐性が弱い。愛情を持って子どもに十分な養育を行うことはきわめて重要ということを意味する。

・ニューロンの生存、分化、機能に関わる重要なタンパクである脳由来神経栄養因子もエピジェネティックな調節を受けている。環境のストレスは脳由来神経栄養因子の作用や機能に影響する。恐れの記憶や消去にもこの因子が関与している。

・嗅覚は性格決定に直接結び付くものではないが、嗅覚については糖質コルチコイドレセプターとは異なったエピジェネティックな調節機構が明らかになってきた。マウスに嗅覚刺激と電気刺激を組み合わせて条件づけすると、鼻の嗅覚上皮と脳の嗅球神経細胞のDNAのメチル化がおこり、これは精子を介して子どもや孫世代まで伝えられる。エピジェネティックスには、いくつかの異なった調節機構があるものと思われる。

・加齢によるエピジェネティックなバラツキの増加は、主に個人個人にそれぞれユニークな要素によっておこる。すなわち、偶然性によるものと個人の環境によるものが原因である。

・新生児期や乳児期の一卵性双生児でのDNAメチル化に関する研究によれば、このような早い時期でもDNAメチル化のバラツキが認められている。

・セロトニントランスポーター遺伝子プロモーター部分のCpGアイランドのメチル化はうつと関連していると考えられる。セロトニン関連遺伝子のエピジェネティックな調節とうつとの関連を調べる研究は今後増えていくであろう。

・我々が認めた、新生児によって初回入浴時によく泣く児と泣かない児がいるという観察は、以上に述べた行動遺伝学的知見から考察すると、次のような可能性があるかもしれない。①海馬の糖質コルチコイドレセプター遺伝子がメチル化している。②セロトニンレセプター遺伝子HT1RAがI1019Cである。③セロトニントランスポーター遺伝子プロモーターのSキャリアーである。④セロトニントランスポーター遺伝子プロモーター部分のCpGアイランドの多くがメチル化している。⑤男児ならモノアミンオキシダーゼA遺伝子のタンデムリピートがL型で、この酵素の活性が低い。⑥脳由来神経栄養因子遺伝子のコドン66がバリン／メチオニンまたはメチオニン／メチオニンである。
・エピジェネティックな過程は逆転できる可能性があることから、養育、環境、薬物治療などによって性格としての不安傾向に対処することができるかもしれない。

注

［1］【イントロンとエクソン】イントロンは遺伝子DNAの中にあって、その遺伝子がRNAに転写されたのちに一部が除去されて最終的なメッセンジャーRNAが作られるとき、除去される塩基配列のこと。除去されず、最終的にアミノ酸配列に翻訳される部位がエクソンです。エクソンはイントロンによって分断されていることが多く、分断されたエクソンは本章7節のように上流側からエクソンI、II、III、…というように呼ばれます。

［2］【一塩基多型（SNP、スニップ）】DNA配列中で一塩基が変異している場合で、変異がその生物集団の中である程度の割合（たとえば1％）認められるような場合をいいます。

［3］【センスとアンチセンス】一本鎖DNAがRNAに転写されてタンパクに翻訳される場合、このDNA配列をセンスと呼び、このDNAと相補的な塩基配列はタンパクに翻訳されないためにアンチセンスと呼びます。

［4］【組み換えアデノウイルス】ここでいう組み換えとは遺伝子組み換えのことで、目的とするDNA遺伝子断片をウイルスなどの自己増殖能を持つDNA（これをベクターと呼びます）に人為的に結合し、細胞内に導入することをいいます。組み換えによって目的とするDNA分子がコードするタンパクを産生することができます。組み換えたDNAを含む細胞の変化を調べたり、または組み替えによって目的とするタンパクを例えば医薬品として大量に生産するなどの利用法があります。アデノウイルスはDNA断片を結合するために用いられる代表的なベクターです。また、組み換えDNAを持つマウスを組み換えマウスと言います。

［5］【メタ分析】メタ分析 meta-analysis とは、ある特定の問題に関する多数の論文に由来するデータを集めて、できるだけ同じ条件での分析を統合して、統計学的により確実な、多数例での分析にまとめる方法で、よく用いられます。

第4章の解説と用語の説明

この章ではヒトの性格の決まり方に及ぼす遺伝子の影響と、その遺伝子が作用する脳内部位（脳回路）、そして特定の遺伝子の多型性とそれがおこす結果を述べました。さらに遺伝子が環境から影響を受ける仕組みであるエピジェネティックスについて論じました。

この本の中では**多型性**（**ポリモルフィズム**）とは遺伝的多型性を意味します。これは同一集団の中で特定の遺伝子について2つまたはそれ以上の対立遺伝子が存在する場合をいいます。たとえば表2（46

ページ）のセロトニンレセプター1A遺伝子の場合、マイナス1019番の塩基がシトシン（C）からグアニン（G）に変わっているヒトではこの遺伝子からつくられるレセプタータンパク量が増加します。（マイナスは遺伝子DNAからRNAに転写されてタンパクが作られるとき、タンパク合成の開始点より上流の塩基という意味です。この遺伝子のマイナス1019番塩基があるのはプロモーター［後述］の領域です。）

このレセプターはシナプス前ニューロンにも後ニューロンにも存在します。前ニューロンの中で新生されたセロトニンがシナプス中に分泌された後、再び前ニューロンにあるレセプターに再結合する場合、このセロトニンレセプター1Aは**自己レセプター**と呼ばれます（図2、45ページ）。前ニューロンのセロトニンレセプター1A量が増加すると、最終的にシナプスに分泌されるセロトニンの量が減少して、扁桃体の活性化を低下させ、マイナス1019番の塩基がシトシンのヒトよりもうつになりやすくなると考えられています。これは不安傾向の個人差の9・2％を説明するというのです。（ただし、遊離セロトニン量の多い方がうつになりやすいという逆の結果の報告もあって、扁桃体におけるセロトニンと不安とうつの関係はまだ完全に明らかにはなっていません。）

このように、特定の遺伝子について塩基の違う形が2つあるので多型性ということになります。このそれぞれの遺伝子を**対立遺伝子**と呼びます。また、このようにセロトニンレセプター1A遺伝子の多型はグアニンの場合はタンパクを増加させますが、多型性にはその遺伝子によって作られるタンパクの量に何ら影響のない場合もあります。

この章で不安特性についてとりあげたのは、赤ちゃんが入浴時に泣く、新規刺激に対する回避反応は不安の前段階と考えられるからです。不安という性格特性に関わる神経伝達物質の代表はセロトニン系ですのでセロトニン系について詳しく述べました。

不安をひきおこす刺激によってシナプス前ニューロンの中でセロトニンが合成され、シナプスへ放出され、シナプス後ニューロンへと刺激が伝えられます（図2）。このときシナプスではシナプス前ニューロンにあるトランスポーターや自己レセプターを介して遊離セロトニン量が調節されます。すなわち伝えられる刺激の強さが調節されます。トランスポーターや自己レセプターを介して再び前ニューロンに取り込まれることを再取り込みと呼びます。

セロトニンがシナプス後ニューロンに受け取られると、このニューロンの中で分解酵素のモノアミンオキシダーゼAによってセロトニンは分解されます。シナプス後ニューロンに受け取られた刺激は下位のニューロン（運動神経系、自律神経系、神経内分泌系）へ伝達され（第3章注4）、不安に対する動物の反応が出現します。これらセロトニン合成系、セロトニンレセプターやトランスポーター、そして分解系の各ステップの遺伝子に多型性があるために、不安に個人差が生じることになります（表2）。このような多型性が存在することは進化学的には何か理由があるのだろうと考えられていて、たとえば不安が強いことは危険を早く察知することになるので進化学的に有利であるという解釈もあります（証明は難しいですが）。

生化学でいう**レセプター**（**受容体**）は細胞膜表面または細胞質や核内にあって、そのレセプターに対応する細胞外からの分子（この分子をリガンド［結合基］と呼びます。たとえばペプチドや神経伝達物質やホルモンなど）を受け取って（結合して）、レセプターの存在する細胞内の生化学的な反応を引き起こします。レセプターは対応するリガンドとだけ結合するので、カギ（リガンド）とカギ穴（レセプター）の関係と言われます。

セロトニンの**トランスポーター**（**輸送体**）はシナプス前ニューロンの細胞膜にあって、前ニューロンからシナプス間隙に放出されたセロトニンを前ニューロンに回収します。そしてセロトニンの効果を終了させるとともに、セロトニンの再利用を可能にします。セロトニンの効果を減弱する作用があるので、トランスポーターの発現が多いヒトでは不安が増強します。セロトニントランスポーター遺伝子のプロモーターの多型がSタイプのヒト（Sキャリアー）の場合です。この多型のヒトではトランスポーターの発現（トランスポーターの量）が多くなるのです。

プロモーターは遺伝子配列においてメッセンジャーRNAに転写される部分（エクソン）の前にあって、転写を開始する合図となる領域です（第3章注5）。プロモーターの多型によって、そのプロモーターが調節する遺伝子産物（タンパク）の量が多くなったり、少なくなったりすると、そのタンパクの作用が強くなったり、弱くなったりします。するとそれは表現型に影響します。プロモーターの多型の一例が前述のセロトニンレセプター1A遺伝子のマイナス1019番塩基のシトシンとグアニンの多型です。グアニンのヒトの方がレセプタータンパクが増加する結果、遊離セロトニンが減少してうつになりやすいという表現型になります。

エピジェネティックスの意味は第2章に示しました。生体内のDNAの特定の部分（CpGアイランド）が加齢や食事、化学物質等の外部環境の影響によって**メチル化**すると、その遺伝子は活性が低下して少量のタンパク質しか作らなくなりますし、あるいはDNAと結合しているヒストンタンパクが**アセチル化**すると、アセチル化されたヒストンを持つ遺伝子はメチル化の場合と逆に、その遺伝子がコードするタンパク質が多く作られるようになります。たとえば脳由来神経栄養因子のエクソンⅣのヒストンがメチル化すると転写が抑制されますし（この因子の産生は減少する）、ヒストンがアセチル化すると転写は亢進します（因子の産生は増加）。メチル化されていた遺伝子のメチル基が脱落すると（脱メチル化）、転写は亢進することになります（因子の産生は増加）。

このように環境の変化で特定の遺伝子が修飾を受け、作られるタンパク質が増減して、そのタンパク質の作用が弱くなったり強化されたりする現象がエピジェネティックスです。そうすると表面に現れる性格特性や行動特性も変化します。遺伝子は環境の影響を受けて、その発現が変化するのです。そしてエピジェネティックな変化は次世代にも伝えられます。

ストレスにおけるエピジェネティックスの関与についての代表例は糖質コルチコイドレセプター遺伝子のメチル化です。動物はストレスにさらされると副腎皮質から糖質コルチコイドが分泌されます。

ストレス時に糖質コルチコイドは生体内のエネルギー（グルコース）が最も必要とされる部位にエネルギーを再配分する役割があります。ストレス時、動物は戦うか逃げるかの状況にあります。このときにエネルギーを最も必要とする部位は脳と主要な筋肉です。[54]また、糖質コルチコイドは生体の免疫能力を抑制します。慢性のストレスに動物がさらされると糖質コルチコイドは過剰に産生される状態が続きます。ストレスが過度に強かったり、慢性のストレスであった場合、動物は健康な状態を維持できなくなります。その結果、代謝や水・電解質のバランスや心臓血管系、呼吸器系、免疫系の異常を引き起こします。

ミーニーたちはストレスと海馬の糖質コルチコイドレセプターの関係を調べ、エピジェネティックスによるレセプター発現の抑制がストレス耐性を弱くすることを明らかにしたのです。彼らはラットを用いて、しっかり養育する母親ラットのメスの子どもは母親と同じくしっかり子どもを育てるラットになり、養育しない母親ラットの子はやはり養育しない母親になることを見出しました。養育する母親と養育しない母親を入れ替えて子どもを育てさせると、子どもラットは自分が養育されたやり方と同じやり方で子育てをするようになったのです。そして、しっかり養育されなかった子どもは恐怖心の強い、ストレス耐性の弱いおとなラットになりました。

しっかり養育された子どもラットの海馬では、糖質コルチコイドレセプター遺伝子のプロモーター部分のＤＮＡの脱メチル化が起こっていて、糖質コルチコイドレセプタータンパクが多く産生され、レセプター数が増加します。すると副腎皮質で作られて脳の血液中を流れている糖質コルチコイドはレセプターに結合します。レセプターに結合していない遊離の糖質コルチコイドが作用を引き起こします。母親ラットからしっかり養育してもらった子どもではレセプターが多いために、ストレス環境下で糖質コルチコイドが分泌されてもレセプターに結合して遊離コルチコイドは減少し、その作用は弱くなります。

養育してもらえないとレセプターは少なくなり、遊離コルチコイドが増加します。慢性ストレス環境下にある動物ではレセプターが少ない状態が長期間続くために、先に述べたさまざまな異常を引き起こします。

さらにヒトでも同様の現象が認められました。子どものときに虐待を受けて、成人になって自殺したヒトの海馬の糖質コルチコイドレセプター遺伝子プロモーターのメチル化を調べると、虐待を受けなかったヒトに比べてメチル化の割合が明らかに多かったのです。つまり、虐待を受けていたヒトでは糖質コルチコイドレセプターの発現が抑制されていました。ラットの場合と同様に、成長後、ストレス耐性の弱いおとなになった可能性が考えられます。

糖質コルチコイドレセプター遺伝子の場合はエピジェネティックスの一例です。ストレス反応に関わる（したがって性格を決めることに関与する）遺伝子であるセロトニントランスポーター遺伝子も脳由来神経栄養因子もエピジェネティックな調節を受けます。

最近、嗅覚のエピジェネティックな調節が報告されました。アセトフェノンという化学物質に対する嗅覚の場合は精子や卵子のアセトフェノンにおい刺激レセプター遺伝子のメチル化によって次世代へ伝えられることが明らかになりました。嗅覚は性格とは必ずしも関連しませんが、エピジェネティックスの仕組みが明らかになってきた一例としてこの章で述べました。

エピジェネティックな変化、とくにＤＮＡメチル化は加齢とともに大きくなっていくという研究についても紹介しました。これは初めの方に述べたチェスとトーマスのやりたかった研究であるかもしれません。

そして本章の最後に、それでは、ここまで明らかになった接近と回避、あるいは不安や恐怖という性格の要素に関わる遺伝子やエピジェネティックスを踏まえて、初めての入浴時に泣く赤ちゃんにはどのような可能性が考えられるのかを論じました。

第5章　候補遺伝子アプローチと全ゲノム関連解析法のあいだ

（1）身長は80～90％遺伝で決まる。しかし、身長を決める遺伝子は数千個以上ある

ヒトの身長はかなりの部分、遺伝によって決まることが以前から知られていました。両親の背が高ければ、子どもも背が高くなります。身長は80～90％程度、遺伝で決まるとされています(1～3)。そこで、身長を決める遺伝子探しが全ゲノム連鎖解析（ＧＷＡＳ）を用いて、18万人の個人を対象に行われました。

全ゲノム関連解析法とは30億塩基対あるヒトのゲノムの全長にわたって、よくある遺伝子の変異を個人ごとに検査して、その変異が特定の性状（身長とか糖尿病とか高血圧などさまざまな性状・特質）と関連するかどうかを調べる方法です。全ゲノム関連解析法ではとくに、スニップ（第4章注2参照）と特定の疾患の関連を調べたりすることが多いです。

全ゲノム関連解析には次世代シークエンサーという機械が使われます。DNAの塩基配列をきわめて高速度に行うことが可能です（「シークエンス」は「連続」ですから、シークエンサーは連続した塩基の配列を調べる機械の意味）。この機械の急速な性能の向上が全ゲノム関連解析を可能にしました。

全ゲノム関連解析の結果、成人の身長を決める遺伝子が180個発見されたのですが、これらの遺伝子全部でも、身長への影響は10％でしかないことが明らかになりました（2010年の報告）。現在では数千個の遺伝子を調べても、身長のバラツキの45％しか説明しないとされています[1]。

でも、もしそうだとするなら、あんまりだという気がします。遺伝によって身長が決まると言いながら、身長を決める遺伝子は数千個以上あると言うのなら、個人の身長を説明しようにも説明のしようがありません。また、もしかして将来、身長を高くする薬を発明するとしても、これではいったい、身長を決定するどの要素を目標にして薬を開発するといいのか、目標の立てようがないでしょう。

遺伝の要素の大きい身長についてさえ、こんなに多数の遺伝子を考えないと説明ができないのなら、遺伝の関与がより少ない、性格を決める遺伝子の場合はどうなるのでしょう？　また、今までに述べてきたところでは、性格を決めるのにセロトニン系の影響は大きいし、しかも、特定の遺伝子は、不安の反応のかなりの割合を説明するということでした。（たとえば、セロトニンレセプター1Aの多型は、不安に対する反応の9・2％を説明すると述べました。）

第4章で、セロトニントランスポータープロモーターの多型と「うつ」の危険の関連を調べたメタ分析では、両者のあいだに相関を認めなかったという研究を紹介しましたが、候補遺伝子アプローチと全ゲノム関連解析の結果をどう矛盾なく説明するかは、今後の研究にまたなくてはならないように思います。

ヒトの性格と関連して、今の段階では次のように考えられています。[4]全ゲノム関連解析法によってさまざまな疾患のゲノム上の感受性領域が明らかになりました。各疾患の遺伝性について、乳がんでは25％以下、肺がん26％、2型糖尿病26％、パーキンソン病34％、多発性硬化症41％、全身性エリテマトーデス44％、加齢黄斑変性46％とされています。ただし、遺伝形式の解明のためには、対象のサンプル数と表現型（疾患の実際の症状や重症度など）の均一性が決定的な要因になります。

サンプル数は、単一の研究者集団が扱うようなレベルのサンプル数では全く不十分です。リプケたち[4]の精神科全ゲノム関連解析コンソーシアム大うつ病性障害ワーキンググループは、9240名の大うつ病性障害の患者さんと9519名の対照群について、常染色体とX染色体上にある120万以上のスニップを検討しています。これは今までで最大規模の大うつ病性障害についての全ゲノム関連解析研究なのですが、それでもこの障害に特異的なスニップは見つかりませんでした。

リプケたちの論文[4]のような大うつ病性障害における特異的なスニップを検出する研究では、真の多様性（表現型の違いに関連する遺伝的なリスク因子の多様性）と診断上の誤分類（遺伝的リスク因子が異なるにもかかわらず、表現型が重なっているような場合は診断が誤る）を明確に区別しなくてはなりません。全ゲノム関連解析法は現在、広範に利用され、病気からヒトのさまざまな特性に至るまで860以上の研究があり、2200以上のスニップと病気またはヒトの特性との強い関連が見出されています。ほとんどの全ゲノム関連解析研究（94・2％）では、サンプル数が18000以上あれば少なくとも1つの特徴的スニップが見出されています。しかし大うつ病性障害については、今のところそのような関連は見出されていません。

これは何を意味するのでしょうか。

考えられる可能性は、まず、まれなスニップが見つかっていない可能性（サンプル数が18000では不十分なのかもしれません）。次に大うつ病性障害は単一の疾患ではなく、非常に不均一な病態であるために、サンプル数を増やす目的でメタ分析を行うことが不適当であるのかもしれません。

（2）1遺伝子異常でおきる疾患は、1遺伝子異常だけで説明できるのか？

今までは病気やヒトの性状の側から遺伝子を探すという見方で話を進めてきましたが、今度は視点を変えて、遺伝子の側から病気やヒトの性状を考えてみましょう。そのよい例は、1遺伝子異常（単一遺伝子異常）で病気がおきる場合です。具体的には、先天代謝異常症と呼ばれる一群の病気があります。

先天代謝異常症とは、生まれつき特定の酵素が欠損しているなどで病気がおこる場合です。生まれてすぐの赤ちゃんは、産科病院を退院するころ（生後5日ごろ）、足の裏から少量の血液をとって、先天代謝異常スクリーニングが行われます（新生児マススクリーニングとも言います）。日本で生まれた赤ちゃんは全員がこの検査を行います。従来の検査項目は6種類でしたが、現在の検査項目は大きく増えて、20種類ほどあります（ちなみに採血の量は同じです）。

この検査の対象疾患の中に、たとえば、フェニルケトン尿症という病気があります。これは必須アミノ酸であるフェニルアラニンから非必須アミノ酸であるチロシンが作られる過程に必要な酵素（フェニルアラニン水酸化酵素）が欠損しているためにおきる病気です（古典的フェニルケトン尿症）。症状として知能障害やけいれんなど、中枢神経障害がおこります。この酵素が欠損していることをスクリーニングで見つけ出して、厳密な食事療法を続ければ、この酵素を欠損していても病気を発病することはありません。

原因は酵素の異常ですが、この酵素の遺伝子に変異（異常）があってフェニルケトン尿症がおきるのです。この酵素の遺伝子は13個のエクソンから成っています。このエクソン上の遺伝子変異は2013年8月の時点で、567種類が知られています。(5) フェニルケトン尿症は1遺伝子異常でおきる疾患ですから、この遺伝子の異常があればこの病気の患者さんは同じ症状を同じ程度、同じ身体部位で示しそうですが、そうではありません。1遺伝子異常の疾患でも、その症状や程度が異なることは以前から知られていました。[6]その原因として、次のようなことが考えられました。①同じ遺伝子であっても遺伝子変異の位置が患者さんによって異なる。②1遺伝子異常と言いながら、1つの遺伝子だけで病気が決定されていない。③遺伝子異常以外の生体の条件の違いによる。

①の立場からは567種類も遺伝子異常の種類があるので、異常の種類によって症状や重症度が変わるのではないかと考えられます。タンパクには活性部位がありますから、その活性部位に変異があればタンパクの作用は失われる場合があります。したがって、異常の種類によって症状が変わる可能性はあります。けれども、同じ異常があれば常に同じ症状になるわけではありません。②については、フェニルアラニンがフェニルアラニン水酸化酵素によって代謝されるのとは別の、マイナーな代謝経路があって、この経路が知能の発達に関与しているのです。[7]このような考え方は新しい概念であるトランスオミクス[8]（後述）に広く取り入れられています。トランスオミクスでは、当該物質の代謝に関わるすべての経路を把握しようという試みが始められています。③たとえ代謝上では同じような患者さん同士であっても（全く同じ遺伝子変異を持っていて、フェニルアラニンの血中濃度が同じであっても）、血液脳関門の機能の違いがあれば結果として、脳内のフェニルアラニン濃度が変わり、神経症状には違いが生じます。ですから、1遺伝子異常で

必ずしも同じ症状を呈するわけではありません。このことはただちに、多因子異常でも同じことが言えます。同じ遺伝子に異常があっても、表現型は大きく異なる可能性があるのです。ここで、次項のシャーニーの仮説（ネオジェノミックス）が登場します。

(3) シャーニーのネオジェノミックス（ポストジェノミックス）

第1節で述べたように、80〜90％は遺伝によって決まるとされる身長でさえも、遺伝子の関与の割合は少ないか、あるいはあまりに多数の遺伝子を想定しなくてはなりません。マー[9]はこの状態を2008年に「失われた遺伝性」と呼び、以後、この言葉は広く用いられるようになりました。プローミン[2]は失われた遺伝性を解決する方法を整理しました。1つは前述した不安やおそれの感情における候補遺伝子からのアプローチ。2番目はゲノム全体を見渡した全ゲノムシーケンスやDNAマイクロアレイや全ゲノム関連解析。いずれも特定の性状や疾患などについて、特定されていない遺伝子やスニップを広範に把握する方法です。3番目にエピスタシス（ある遺伝子の発現が別の遺伝子によって調節されたり影響を受けること。遺伝子‐遺伝子相互作用とも言われます）と遺伝子‐環境相互作用、そしてエピジェネティックスです。

ここでデューク大学のシャーニーの仮説[1]を紹介しましょう。彼の仮説を一言で言えば、特定の形質が遺伝によって決定されるとしても、遺伝性は後述するネオジェノミックス（ポストジェノミックス）も含めて考えるべきであって、ゲノム情報の発現調節機構はきわめて複雑で、少数の遺伝子によって調節されているようなものではなく、したがって失われた遺伝性という言葉は、そもそも遺伝性の実態を反映していないという主張です。

この仮説は２０１２年にケンブリッジ大学出版が発行する神経行動学の専門誌 *Behavioral and Brain Sciences*（行動と脳科学）誌上で発表されました。シャーニーの論文とともに、他の研究者たちからの批判とそれに対するシャーニーの反論が、全80ページにわたって掲載されています。

シャーニーは遺伝性あるいは遺伝子関連性の研究はそもそもいくつかの仮定に基づいていて、その仮定には次の６つがあると言います。

まず、遺伝性の研究の仮定は、

①一卵性双生児の遺伝子は１００％同じで、二卵性双生児では50％同じである。

②この遺伝子の同一性は不変である。

③ヒトの行動の違いのすべての原因は遺伝子、環境、遺伝子環境相互作用のいずれかである。

遺伝子関連研究の仮定は、

④ヒトの体細胞は精子、卵子、赤血球、一部の免疫担当細胞を除いてすべて同じDNAを持っている。
⑤2人のヒトがある遺伝子について同じ多型を持っていれば、同じようにRNAに転写される。
⑥特定の遺伝子は特定のタンパクを産生するための遺伝情報を持っている。

蛇足ですが、上記の①で二卵性双生児の遺伝子は互いに50%同じであるという意味について注釈を加えると、たとえばある遺伝子について父の遺伝子型がA型とB型とします（常染色体は2本ずつありますから）。母の遺伝子型をC型とD型とします（父と血縁関係がないので）。そうすると、子どもの遺伝子型はAC、AD、BC、BDの4種類の可能性があります。二卵性双生児ではこのうちの任意の遺伝子型2種類をとるので、ACとACの場合は100%一致、ACとADおよびACとBCは各50%一致、ACとBDでは0%一致ですので、平均すると50%になります。

最新の分子遺伝学から見ると、これらすべての仮定が疑わしいとシャーニーは言います。たとえばゲノム（遺伝情報のすべて）にはコピー数多型という状況があります。これはゲノムのある領域（エクソンでもイントロンでも）が両親からそれぞれ1コピーずつもらった2コピーの領域を持つのではなく、重複あるいは欠失によって、2コピーより多かったり少なかったりする状況を指しています。この状況は一卵性双生児である2人にも認められます。コピー数多型の分布のしかたは一卵性双生児の2人でも異なりますし、コピー数多型はゲノム全体の10%にも及んでいます。さらにヒトのゲノムの構造上のバラツキにはコピー数多型のほかに、同じＤＮＡ配列の繰り返しであるマイクロサテライトやミニサテライト、タンデムリピート数、ＤＮＡの挿入や欠失などが見られます。ですから仮定①と④は否定されることになります。

さらに染色体の数の問題があります。ヒトの染色体数は46本で、父親から22本の常染色体と1本のXまたはYの性染色体をもらい、母親から22本の常染色体と1本のX染色体をもらいます。その結果、上記の仮定④のように、あるヒトの体の中では体細胞は精子、卵子、赤血球、一部の免疫担当細胞を除いて、すべて同じＤＮＡを持っていることになります。ところが正常なヒトの脳の中の神経細胞を調べると、10％の細胞の染色体数は46本より多かったり少なかったりしているそうです。これもまた、一卵性双生児でも認められるので、やはり仮定①と④は否定されます。医療の現場では、染色体分析は血液中のリンパ球で行います。リンパ球の染色体数はばらつかないので、ヒトの染色体数は例外を除いてすべて46本と私たちは普通に考えているのでしょう。

エピジェネティックスを考慮すると、仮定②も否定されます。3歳の一卵性双生児と50歳の一卵性双生児のそれぞれでヒストンのアセチル化やＤＮＡ全体のメチル化を指標にエピジェネティックな違いを調べると、50歳の双生児では3歳の双生児の4倍もエピジェネティックな違いが出現しています。加齢とエピジェネティックスについての詳しい説明は第4章9節を参照してください。

シャーニーはレトロトランスポゾン（ヒトのゲノムにある転移因子の一種）やコピー数多型やミトコンドリアＤＮＡや染色体異数性（染色体数が46本でないこと）やエピジェネティックスをひとまとめにして、ポストジェノミックス（またはネオジェノミックス。以下ではネオジェノミックスで統一します）と呼ぶことを提案しています。ネオジェノミックスは従来のジェノミックスに追加[注1]する概念なのか、それともパラダイムの変換なのかについては議論がありますが（表3、表4）、私は追加する概念のように思います。既成のジェノミックスを壊す新しい枠組みとまでは思えないからです。そしてシャーニーは、ネオジェノミックスはメンデル遺伝形式をとる場合も、とらない場合もあると言います。

メンデル形式とはメンデルの法則、つまり優性の法則、分離の法則、独立の法則の３つです。すでにご存じのことですが、一応説明します。エンドウマメの背の高さを例にとると、背の高いエンドウマメと背の低いエンドウマメを交配すると、得られる種子（雑種第1代）から育つエンドウマメは背が高くなります。背が高いという形質は背が低いという形質に対して優性です（優性の法則）。次に雑種第1代同士を交配して得られた種子（雑種第2代）から育つエンドウマメは背が高いものと低いものが生じ、その比は3対1になります（分離の法則）。エンドウマメには背の高さ以外に種子の色が黄色と緑色、しわのあるものとないものなどの形質がありますが、これらの形質の場合も背の高さと同様に、優性の法則と分離の法則が成り立ち、それぞれの形質の間には相関はなく、それぞれの形質は独立しています（独立の法則）。

シャーニーはこのような古典的な遺伝学が必ずしも成立しないということを、彼の論文の中で、ある箇所では声高に、また別の箇所ではやや穏便に主張しています。[1]

この論文の面白いところは（というか、掲載した *Behavioral and Brain Sciences* 誌の面白いところは）、この論文をターゲット論文と呼んで、ターゲット論文に続けて賛否両論の意見をたくさんの研究者たちが戦わせる批判論文集が掲載され、さらに元々の著者の反論まで載せるという構成です。全体で80ページあまり、そのうちターゲット論文が28ページ、批判論文集が24ページ、著者の反論が12ページ、引用論文が19ページという長さです。ちなみに２０１２年のこの雑誌のインパクト・ファクター（影響力指数。この雑誌に掲載されている1論文平均の1年間当たり被引用回数）は18・５７１で、レベルの高い学術誌です。

シャーニーに対する批判論文集では、それこそ歯に衣着せぬ激しい批判と擁護が展開されています。たとえばスペインのヴィラローヤは「ネオジェノミックスは実体のないわら人形理論だ」とまで述べています。この批判論文集とそれに対するシャーニーの反論集は重要な問題点を指摘しているだけでなく、たいへん面白いので紹介します（表3、4）。

批判論文は全部で24本で、研究者の所属は南北アメリカとヨーロッパとオーストラリアにわたっています。残念ながらアジアとロシアの研究者は論争に加わっていません。日本を含め、これらの地域にはそれぞれ特徴のある行動遺伝学や遺伝心理学の研究者がいるので、参加していればさらに面白いものになったでしょう（たとえば日本の霊長類研究者や後述のロシアのギンギツネ研究者）。でも、そうすると話が広がりすぎてまとまりがつかなくなる恐れもありますが。全部で24本の批判論文のうち、おおざっぱに言って、シャーニーに強く賛成が14本、強く反対が6本、一部賛成・一部反対が4本のようです（表4）。

従来からの発達心理学や双生児研究を現象論と観察を中心に行ってきた研究者は、シャーニーの議論をやや否定的にとらえていて、脳のモデリングやロボット工学に取り組んでいる人たちにとっては、シャーニーの議論はほとんど当然と受け取られ、さらに極端な見解である人間機械論あるいは人間コンピュータ論を展開している研究者たちもいます（とはいえ、これも昔からある考え方ですが）。シャーニーの反論集のタイトルは、「人間、ショウジョウバエ、そしてロボット」と、皮肉なタイトルがつけられています。（ショウジョウバエは分子遺伝学の発展を支えてきた小さなハエです。昔、日本にスーパーマーケットのなかった時代に、くだもの屋さんの店頭のくだものに小さなハエが飛んでいたものですが、それがショウジョウバエでした。）

シャーニーの議論に対しては、とりわけ双生児研究者からの反論が激しいようです。シャーニーの主張は一卵性双生児といえども遺伝的に同一とは言い難いというものですから、双生児研究者の基盤を根底から揺るがすことになります。

この点について、私は2点指摘しておきたいと思います。

第1は、シャーニーの言う、一卵性双生児同士の行動特性は年齢とともに経験の違い（すなわちエピジェネティックな違い）の蓄積によって、2人の間で違ってくる、そしてその違いは年齢と

（表３のつづき）

マクドナルド 他	CA	シャーニーは年齢とともに一卵性双生児の性格は環境の影響で異なっていくというが、実際はIQなど認知能力は一致して行く。
ミッチェル	NC	遺伝子は種々の生理学的経路を介して行動の表現型を規定している。脳の構造と機能はこれらの経路を調べるカギである。
ミラー 他	MN	一卵性双生児間のコピー数多型とDNAのメチル化は遺伝性と関連する。全ゲノム関連解析の重要性は変わらない。
モルナール	PA	個人間の表現型の違いの解析モデルを一個人内での表現型の違いの解析に応用することで一個人の遺伝性の評価が可能になろう。
ミューラー 他	ドイツ	環境要因は受動的環境と能動的環境に分けることができ、後者は突然変異や選択の基盤になっていると考えられる。
オーバートン 他	MA	トマス・クーン流のパラダイム論で考えると、シャーニーのネオジェノミックな視点は当然肯定される。
プレア	ハンガリー	生まれか育ちか論争では政治的発言もあり、さまざまな論争があった。現代の心理学者はネオジェノミックな視点を持たねばならない。
シャンカー	MA	脳由来神経栄養因子遺伝子についても糖質コルチコイドレセプター遺伝子同様のエピジェネティックな調節が明らかになった。
スウェイン 他	MI	親による行き届いた養育は子どもの不安や攻撃性を取り除き、ストレスからの立ち直りを助ける。次世代養育は社会政策的意味を持つ。
テイシエラ 他	ブラジル	神経ネットワーク研究とロボット工学は相互に有用。ゲノム（ソフト）- 継代的要素（リプログラミング）- エピジェノム（経験）が対応する。
ヴィラローヤ	スペイン	ネオジェノミックスは遺伝子型と表現型の関係の理解を変えたが、遺伝性と遺伝子関連研究には価値がないという考えは誤りである。

所属の略語（米国の州名）： CA カリフォルニア、FL フロリダ、MA マサチューセッツ、MI ミシガン、MN ミネソタ、NC ノースカロライナ、NY ニューヨーク、PA ペンシルバニア（Charney, E., 2012 (1) より）

表３　シャーニーのターゲット論文「行動遺伝学とポストジェノミックス」に対する主なコメント

討論者	所属	コメントの要旨
エイトキン	スコットランド	遺伝要素は不変ではない。このことは妊娠前・後の養護や小児のメンタルヘルスに重要だが、過剰な一般化は避けるべきである。
バッタリア	イタリア	エピジェネティックスは従来の行動遺伝学に新しい考え方をもたらすだろう。
バート	MI	シャーニーの議論はネオジェノミックスを強調するあまり、双生児研究や家族研究を過小評価する誤りを生じている。
クルーシオ	フランス	遺伝性は行動遺伝学の中で過剰評価されているのではないか。ヒトでは行動特性の遺伝性は50％というが動物ではより低値である。
ダール・ニムロッド	オーストラリア	ネオジェノミックスの知識は遺伝子がすべてを決定するという一般に流布している誤解を正すことができる可能性がある。
ドイッチュ 他	MA	ネオジェノミックスから、１遺伝子が多様な表現型を発現し、一方、１つの表現型が多数の遺伝要素に由来するということがわかる。
ディッキンス	PA	偶然性が頻繁なら例えば脳の統一性を維持することは困難になるから、偶然性の過度な強調は正しくないのではないか。
ガルージロ 他	イタリア	この議論は生まれか育ちかの議論が遺伝決定論かネオジェノミックスかに代わっただけだ。我々は遺伝決定論に与する。
グラット	NY	ポリモルフィズムの解析を全ゲノムにわたって行うことは非現実的なので、特定のポリモルフィズムを選択して解析すべきだろう。
ハールペルン	NC	シャーニーはDNAがダイナミックなもので環境の影響も受けるというパラダイムの変換を図る主張をしている。
ホンベルク	オランダ	遺伝子と環境の関係は鶏と卵の場合がある。例えば生直後のトラウマがセロトニントランスポータープロモーターのメチル化に影響してその後のトラウマ反応に影響する。
ルイス	オーストラリア	母子間相互作用（アタッチメント）には遺伝子の関与は少ないので、シャーニーが主張するほど遺伝子の役割を重視できない。
リックライイク	FL	ネオジェノミックスがどこへ進むのか、行動遺伝学、生物学、心理学への影響がまだ明らかでないことが本論文の唯一の問題点である。

（表4のつづき）

ルイス	賛成	子は環境（母）に適応するだけでなく、反対に環境へ働きかけて環境を変えている。
リックライター	賛成	ネオジェノミックスが明らかになっても、なお行動遺伝学には不明な部分が残る。
マクドナルド 他	反対	バッタリアへの反論と同じ反論。さらにエピジェネティックスは偶然の産物で適応上は不利だというのは誤り。
ミッチェル	賛成 / 反対	同一遺伝子の同一のポリモルフィズムから異なった表現型が出現することを「エンドフェノタイプ」という概念で説明するのは困難。
ミラー 他	反対	一卵性双生児相互の遺伝的相違を否定するなら根拠を示すべき。
モルナール	賛成 / 反対	一絨毛膜性双胎の遺伝一致率は 1.0 で生涯不変という仮説の否定には賛成。双生児研究で対案が出せるという見解には反対。
ミューラー 他	賛成	行動遺伝学は特定の行動が次世代に受け継がれるとき、その行動は遺伝に支配されていると過剰評価しやすい。
オーバートン 他	賛成	ネオジェノミックスはパラダイムシフトと言えるのかもしれない。
プレア	賛成	ジェノミックスとネオジェノミックスの２つの世界観の違いは 50 年前のジェンキンスとケーガンの論争を思わせるとプレアは言う。
シャンカー	賛成	脳由来神経栄養因子が海馬などの辺縁系や大脳皮質で発現して、神経と行動の適応性に作用しているという見解に賛成する。
スウェイン 他	賛成	バートは環境としての母親の役割を評価しない誤りをおかしている。一方、エイトキンやスウェイン達は母親の重要性を指摘している。
テイシエラ 他	賛成 / 反対	ネオジェノミックスは神経ネットワーク研究には有用だが、ロボット研究への適用については上記ガルージロ他に対する批判と同じ。
ヴィラローヤ	反対	一卵性双生児の遺伝子は全く同じで生涯不変という仮定は誤りで、その仮定に基づく双生児研究は間違っている。

賛成 / 反対は一部賛成、一部反対の意味（Charney, E., 2012[1] より）

表4　表3のコメントに対するシャーニーの主な反論

下記の討論者に対して	討論に対するシャーニーの賛否	反論の要旨
エイトキン	賛成	バートは環境としての母親の役割を評価しない誤りをおかしている。一方、エイトキンやスウェイン達は母親の重要性を指摘している。
バッタリア	反対	バッタリアの見解とは逆に一卵性双生児では年齢とともに行動特性は異なってくる。環境の影響やネオジェノミックスの無視も誤り。
バート	反対	実の母親に育児された人工授精出生児と育ての母親に育児された児を比較すればネオジェノミックスが評価できるという考えは誤り。
クルーシオ	賛成	環境とゲノムの相互作用には同意。
ダール・ニムロッド	賛成	メディアによる遺伝子と人間の行動の関連に関するセンセーショナルな報道は問題がある。
ドイッチュ 他	賛成	行動特性の多様性にはきわめて多数のタンパクが作用して、相互に作用しあっている。ショウジョウバエの攻撃性がその一例。
ディッキンス	賛成	DNA の変異が進化に必要なら、変異は DNA の安定性と矛盾してはならない。ヒトの行動における DNA 安定性機構は興味深い。
ガルージロ 他	反対	DNA と細胞はプログラムとコンピュータとは違う。遺伝子とタンパクは 1:1 の関係ではない。エクソンは DNA 上に散らばっている。
グラット	賛成	遺伝子の多様性と行動の関連は統計だけでなく、問題はあるが動物実験によっても示されるべきである。
ハールペルン	賛成	ハールペルンの指摘のようにターゲット論文はゴットリープの発達遺伝学的方法と、さらにルーウォンティンの影響を受けている。
ホンベルク	賛成 / 反対	環境とゲノムの相互作用には同意。ストレスに対する脆弱性がセロトニントランスポーター遺伝子やドーパミン D4 レセプター遺伝子の多型の影響を受けるかについては懐疑的。

ともに大きくなるという主張は、基本的に正しいと思います。第4章で紹介したタランたち[10]の研究によれば、成人の場合、加齢とともにDNAのメチル化は増加し、それは偶然性の影響と個人の環境によるものの両方が原因とされています。このこともシャーニーの見解を支持しています。シャーニーに対してバッタリアやマクドナルドたちやヴィラローヤが主張するような、一卵性双生児は遺伝的に同一であるという考え方（表3、表4）には賛成できません。ただし、指摘しておかなければならないことは、この本の第3章の「カスピの研究」の項で述べたように、ヒトの行動特性は加齢とともに可塑性が減少していく（性格が固定していく）ことです。ですから、研究の方法によっては、バッタリアやマクドナルドたちの主張のように、一卵性双生児の性格は年齢とともに類似してくるという状態もありえると思います。もっともシャーニーはそういう実験、研究計画自体が、誤った仮説に基づいていると主張しているのかもしれません。また、前述のオスカーとジャック[11]のような極端に類似した一卵性双生児が出現する理由も、もう少し詳細に検討されるべきと思います。

第2に、シャーニーは双生児研究によって個人の好み（スープやスナックやハイブリッド車やSF映画やジャズなどの消費者の好み。第3章の「カスピの研究」の項参照）を遺伝によって説明することに異を唱えています。これに対しては、特定の少数のニューロンが1つの情報と対応する「おばあさん細胞」という仮説があることが、反証の一つになるかもしれません。「おばあさん細胞」とは、自分のおばあさんを見て反応するニューロンのことです[12~13]。「おばあさん細胞」は長期記憶に関連すると考えられている領域（海馬、嗅内皮質、海馬傍回、扁桃体）にあります。

キローガたちは「おばあさん細胞」について、次のように述べています。

神経科学者は長年、記憶がどのように形成されるかについて議論してきた。議論は現在も続いており，2つの対立する仮説がある。1つは単一のニューロンが「私のおばあさん」「あの映画スター」などの記憶を蓄えているというもの。もう1つはそれぞれの記憶が何百万個ものニューロンに分散して蓄えられているというものだ。脳手術の機会に行われた最近の実験によれば、特定の脳領域にある比較的少数のニューロンが記憶のコード化に深くかかわっている。(12)

ニューラルネットワークの研究では、何百万個ものニューロンに特定の情報が蓄えられている（表現されている）ことを「分散表現」と呼んで、少数のニューロンに蓄えられていることを「スパースな表現」（sparse: まばらな、わずかな）と呼んでいます。「分散表現」に比べて「スパースな表現」では、情報記憶が簡単で、速く、混同もおこりにくく、新しい記憶を付け加えてもネットワーク全体に影響しないなどの利点があり、結局、「おばあさん細胞」は単一のニューロンではなく、数万個程度のニューロンが関与する「スパースな表現」に基づいているのではないかと考えられます。そこで、キローガたちは「おばあさん細胞」というよりも「コンセプト細胞」（concept: 概念）と呼んでいます。「コンセプト細胞」は知覚を記憶にリンクし、抽象的な表現を与えるニューロンと考えられます。眼でとらえた画像は視神経を通り、後頭葉にある一次視覚野に到達し、ここから高次視覚野を経て、情報は海馬と内側側頭葉に送られます。内側側頭葉には10億個ものニューロンがありますが、ここに「コンセプト細胞」が存在します(13)。

小集団のニューロンが個人の記憶あるいは好みに関与しているのなら、個人の好みが遺伝的にある程度決定されているということがあってもいいような気がします。「おばあさん細胞」同様、「ハイブリッド車細胞」や「ジャズ細胞」があってもいいかもしれません。

今後、ネオジェノミックスという領域が拡がっていくのかどうかわかりませんが、ネオジェノミックスの意味がさらに検討されて、深化していくことを期待したいと思います。

この章のまとめ

・身長は80～90％は遺伝で決まる。しかし、全ゲノム関連解析法で調べると、身長を決める遺伝子は数千個以上ある。

・候補遺伝子アプローチと全ゲノム関連解析法の結果をどう矛盾なく説明するかは、今後の研究にまたなくてはならない。

・単一遺伝子異常でおきる疾患の例として、先天代謝異常症の一つであるフェニルケトン尿症について考察すると、本症は特定の酵素（フェニルアラニン水酸化酵素）の欠損で起きる。この酵素の遺伝子異常には567種類の異常が知られているが、同じ異常を持った2人の本症の患者が全く同一の臨床症状を示すかというと、そうではない。それがなぜかはいくつかの説明が考えられるが、シャーニーのネオジェノミックス仮説によると、そこにはもっと根本的な問題があるように思われる。

・ネオジェノミックス（ポストジェノミックス）とはゲノム情報の発現調節機構はきわめて複雑で、少数の遺伝子によって調節されているようなものではないという考え方で、それによると一卵性双生児であっても互いの遺伝子は同じではないし、正常なヒトの脳の中の神経細胞を調べると、10％の細胞の染色体数は46本より多かったり少なかったりしている。一卵性双生児では年齢とともにエピジェネティックな違いが蓄積して、双生児2人のあいだのDNA修飾の違いは大きくなる。

・レトロトランスポゾン（ヒトのゲノムにある転移因子の一種）やコピー数多型やミトコンドリアDNAや染色体異数性（染色体数が46本でないこと）やエピジェネティックスをひとまとめにしてネオジェノミックスと呼ぶことをシャーニーは提案している。まだ神経行動学の研究者全体に広く受け入れられているとは言い難いが、魅力的な考え方といえる。

注

［1］【ジェノミックス】 生物の持つＤＮＡの全塩基配列がゲノムです。ゲノムは遺伝子である部分と遺伝子でない部分の両方を含みます。ヒトでは30億塩基対から成り、そのうち1・5％が遺伝子で、残りのうち50％をレトロトランスポゾンが占めています。(14) ジェノミックスはゲノムを中心にした分子遺伝学の研究領域です。

第6章　動物の個性・性格

今まで、ヒトの個性と個性の決定に関わる遺伝子をめぐる話題を論じてきましたが、ヒトだけでなく、動物にも個性や性格があるという話を述べたいと思います。個性や性格がどれだけ自覚的なものかということは、動物の場合論じるのは難しいので、そのあたりについてはふれません。

(1) トリの場合

以前にテレビで報じていたことですが、北陸地方のある都市でムクドリが大量に出現してフン害で困ったという話をしていました。夜間に街路樹にとまって夜を過ごすあいだにフンを多量に落とすため、歩道や車の屋根がフンだらけになるというのです。市の担当者も困ってしまったのですが、他の県で同様のできごとがあったときに、専門業者に依頼して解決したという話を聞きつけ、そこに依頼しました。業者さんは何をしたかというと、夜、ムクドリが多数、街路樹をねぐらにしている所に向かって、大型スピーカーでムクドリが鳴き叫ぶ声を聞かせました。するとねぐらにいたムクドリは大騒ぎになって、1羽残らず逃げて行ってしまったのです。業者さんのお話では、ムクドリには100羽に1、2羽おくびょうな個体がいて、このおくびょうな個体の鳴き叫ぶ声を聞かせるといいのだそうです。このことからムクドリには、おくびょうな性格の個体がいることがわかります。もしかすると、扁桃体のセロトニン系の作用が亢進しているのかもしれません。

『もの思う鳥たち』という本には次のように書かれています。(1)「同種の鳥であっても、人間と同じように、動作や姿勢、感情、行動、個性といった点で、互いにはっきりと区別できる違いを、それぞれがもっている」、「同性同年で同種の鳥であっても、食べものの好き嫌い、嫉妬深さや怒りや不安や幸福感、さらにはそれ以外の感情や情動を表出する傾向、遊びへの欲求、音楽的能力、賢明な方法で食物を得る能力といった点で、それぞれ異なっている。」

性格の違いについてではありませんが、トリの認知能力に関する最近の報告があります。研究者たちは捕獲した野生のカラスを対象にして、脅威・恐怖感を与えたのちにPETスキャン(ポジトロン断層法)を用いて脳内の活性化部位を調べました。(2)

少し詳しく述べると、まず、男性の顔の仮面をかぶった捕獲者がカラスを捕まえます。カラスを一定期間飼育したのち、カラスに放射性フルオロデオキシグルコースを注射します。脳のグルコース代謝を調べるのが目的です。そして、カラスを次のような方法のどれかで刺激します。①捕獲者の仮面をかぶってトリ小屋の中にいる捕獲されたカラスに対峙することで脅威・恐怖をカラスに与えます。②猛禽類のタカの剥製を小屋の中にいるカラスに見せます。この剥製は頭が動きます。③今度は別の仮面をかぶった人が死んだカラスの剥製をカラスに見せます。④3つ目のマスクをかぶった人はカラスにエサを与えたり、トリ小屋を掃除するなどして、カラスの世話をします。⑤比較対照は刺激を受けない状態です。これらの決まった刺激を決まったやり方でカラスに与え、その後、麻酔を行い、PETスキャンで脳の各部位のグルコース代謝量を測定して活動状態を調べます。実験後は再び一定期間飼育して野生にもどします。

さらに刺激時にカラスのまばたきの回数を測定しました。すると、脅威・恐怖を与える刺激に対してはカラスはじっと見つめるのでまばたきの回数が減り、脅威・恐怖のない、緊張を要しない場合はまばたきの回数が多いという結果でした。まばたきの回数とフルオロデオキシグルコース-PETスキャンで得た脳の活動性の相関をみると、この2つは逆相関していました。まばたきの回数が多い方が、脳の活動性は低下していたのです。

脳のどの領域が活性化されているかをPETスキャンで検討すると、過去に脅威・恐怖を与えた、捕獲者のお面をつけた人の場合や、生まれつき感じている脅威・恐怖であるタカを見た時に比べて、初めてみるカラスの死体を持った人の場合は違っていて（この場合は脅威・恐怖が持続していると考えられます）、高次の感覚領域や空間学習領域が活性化されるだけでなく、扁桃体など辺縁系の活性化も認められました。トリの海馬は哺乳類の海馬に相当すると考えられていて、空間記憶の形成に働いています。カラスの実験から、海馬は恐怖の学習全般に関わっているか、あるいは位置情報と関連した恐怖の学習に関わっていると考えられました。

（2）ギンギツネの場合

キツネは分類上、イヌ科に属します（キツネ属）。イヌはイヌ科イヌ属です。ギンギツネはキツネ属アカギツネの遺伝的多型とされています。[3] 北海道に生息するキタキツネもアカギツネです。[4] ギンギツネの性格について、ロシア（旧ソ連）で行われた家畜化（馴化）研究があります。[5]

キツネの馴化研究は1959年にベリャーエフによってシベリアのノヴォシビルスクの研究所で始められました。ちなみにベリャーエフはルイセンコ学説（スターリン体制下の旧ソ連の社会主義思想と合致した反ダーウィニズムの進化学説）に従わなかったので、1948年にモスクワの研究所の職を失っています。

ベリャーエフはノヴォシビルスクでキツネの研究を30頭のオスのキツネと100頭のメスのキツネから開始しました。これらのキツネは毛皮生産農場から購入したもので、すでに野生のキツネよりもヒトに馴れていました。

生まれた子ギツネは生後1か月で研究者からなでられながらエサをもらいます。これを1か月に1回、生後6～7か月までくりかえします。そして生後7～8か月の性的に成熟した時点で3段階に評価します。ほとんど馴化していないキツネをクラス3と定義します。このキツネは研究者がなでると逃げたり、かんだりします。クラス2は、なでさせるけれどもヒトになつこうとはしないレベルのキツネです。クラス1は研究者になついて、尾を振ってクンクン鳴きます。クラス3は実験対象から除外して、継代させません。6世代継代後にはさらにヒトとのふれあいを求め、ヒトの注意を引こうとしてクンクン鳴いたり、においをかいだり、イヌのようにヒトをなめたりするキツネが出てきました。これをクラス1E（Eはエリートから取ったそうです）としました。10世代継代ではクラス1Eは18％、20世代では35％に達しました。

イヌの場合、生まれて数週間がヒトとのきずなを作る上で決定的だということはよく知られています。きずなの形成に開かれた窓ともいうべきこの期間は、子イヌが自分の周囲を知り、探知しようとする時期にあたります。やがて未知のものを恐れるようになると、この期間も終わります。野生のままのキツネの子どもは生後16日で音刺激に反応するようになり、生後18～19日には完全に眼が開きます。馴化したキツネは音刺激に対してはこれより2日早く、眼を開くのは1日早いです。野生のキツネは恐れの反応を生後6週間で示しますが、馴化したキツネの場合は9週以後です。イヌも品種によりますが、8～12週で恐れの反応を示します。したがって、馴化した子ギツネは人間のいる環境に馴れる期間を長くとることができます。

さらにキツネでは血中副腎ステロイドのレベルは生後2～4か月の期間に著明に上昇して、8

か月でおとなのレベルに達します。馴化したキツネでは恐れの反応が遅くなるとともに、副腎ステロイドの上昇も遅くなります。

馴化に伴うキツネの変化は、イヌの場合の鏡像と言えるでしょう。キツネでは8〜10世代継代後に新しい形質が出現してきました。まず毛皮の色ですが、体の特定の部位で色素を失い、イヌのいくつかの品種と同様に顔に星型の紋様が出現します。次に耳が垂れて、尾が丸まります。15〜20世代経ると尾も足も短くなり、前歯の咬合にも変化が現れます。これらの形質が近親交配によっておこった可能性は低いと思われます。というのは、べリャーエフの実験では近親交配の割合は2〜7％にすぎなかったことと、新しく出現した形質のいくつかは劣性遺伝ではなかったからです。これらの形質は単一遺伝子ではなく、多遺伝子の支配を受けていると考えられます。

べリャーエフが指摘したように、馴化（家畜化あるいはペット化）された動物は皆似てしまいます。別々の動物で、別々の人たちによって、別々の時代に、別々の国で行われても、馴化された動物は同じような形態や生理学的変化をおこしました。べリャーエフは行動を規定する遺伝子は個体発生に関与していて、とくに神経系と内分泌系を調節する遺伝子群が重要だろうと推測しました。

馴化のための繁殖を開始して12世代後、キツネの副腎皮質ステロイドの血中濃度は対照群の半分近くまで低下しました。28〜30世代後にはさらにその半分になりました。感情に対するストレスを与えても、血中レベルの上昇は軽度でした。また、セロトニン系の変化もキツネの攻撃性を低下させました。馴化したキツネの脳のセロトニンレベルのほか、代謝物である5-オキシインドール酢酸や、セロトニン合成系酵素のトリプトファン水酸化酵素のレベルも上昇していました。セロトニンは早期から個体の成長発達に関与しています。

馴化に伴うさまざまな形質変化の中でも、頭部や体部のまだらの色素脱失をおこす遺伝子をベリャーエフは想定し、ｓｔａｒと名付けました。のちにｓｔａｒはメラニン芽細胞（個体発生の初期の神経堤に由来する細胞で、胚芽期の早期に身体の種々の部位の表皮に遊走して、メラニンを形成するメラニン細胞になり、動物の毛皮の色を決定する）の遊走に影響することが明らかになりました。メラニン芽細胞の遊走はキツネの場合、胎生28〜31日に始まります。ｓｔａｒ遺伝子を1コピーしか持たないキツネの胎児ではメラニン芽細胞の遊走は2日遅くなります。すると、このメラニン芽細胞は死んでしまい、星形の色素脱失が生じます。

このほか、馴化したキツネの特徴は、頭蓋骨が小さくなること、おとなのオスの頭が小さくなり、メスと似てくることがあります。これらの変化がイヌの家畜化の過程で生じた幼若化と同じかどうかはわかりません。また、生殖に関しても変化が生じます。野生のキツネは性成熟は生後8か月頃で、繁殖期は1月から3月頃、平均4、5頭の子どもを産みます。ところが馴化したキツネでは性成熟が1か月早くなり、子どもの数も平均して1頭多くなります。繁殖期は長くなり、季節性を失うメスもいます。ただし、馴化のための継代を40年も続けると、季節性を失って繁殖を続けた結果、生まれた子どもは成獣になるまで生き延びるものはいなくなります。

ノヴォシビルスクで行われた馴化実験は、数千年もかかった自然の経過を選択的に繁殖させることによって数十年に短縮したといえるでしょう。さらに継代を続けると、キツネはかぎりなくイヌに似るのか、あるいは別の種類の動物になっていくのかはわかりません。

さらにベリャーエフの後継者たちは、馴化に伴う形質の遺伝がエピジェネティックなものでも、母親の養育のしかたによるものでもないことを明らかにしました。馴化した子ギツネを馴化していない母ギツネに養育させるか、あるいはその逆の組み合わせを行うことと、馴化していないキツネと馴化したキツネのあいだで胚盤胞の交差移植を行うことによって検討したのです[6]。

馴化したキツネでは血漿コルチゾールと副腎皮質刺激ホルモンのレベルが低いこと、視床下部のセロトニンレセプター1Aが低密度であること、中脳と視床下部においてセロトニンとトリプトファン水酸化酵素のレベルが高いことも明らかになりました[6]。

コーネル大学のクケコバたちはノヴォシビルスクの研究者たちと共同研究を行い、キツネの馴化対攻撃性、および大胆さ対内気さに関連する領域が、キツネの第12番染色体の10～60センチモルガン（染色体上の位置を表示するための単位）付近に位置していることを見出しました[6]。キツネの第12番染色体はイヌの第5番染色体に相当しますが、興味深いことに、この染色体はオオカミが家畜化してイヌに進化する過程に関与したと考えられる遺伝子領域を含んでいます。この領域は27・2～28・4センチモルガンに位置しています。そして、この領域に位置するキツネの行動特性は、研究者の手に触れるという行動と研究者がキツネのおなかに触れることを許すという、いずれも信頼に関わる行動です。

キツネの馴化実験から創出された馴化したキツネと攻撃的なキツネの比較によって、キツネの行動特性を染色体上に位置付けたこの研究はユニークです。キツネでなければできないでしょうし、わずか数代の継代で行動特性が分かれていくというのも特徴的です。このあと、おそらく、行動特性が位置付けられた染色体にある責任遺伝子は何か、その遺伝子の生物学的役割は何かに研究が進んでいくでしょう。

たとえばすでにトランスクリプトーム解析[注1]によって馴化したキツネと馴化していないキツネの間で発現量の異なる遺伝子9種類のうちの1つは、セロトニンレセプター2Cであることが明らかになっています。(7) 馴化しているキツネの方が発現量が多いのです。セロトニンレセプター2Cは中脳、視床下部、嗅球、扁桃体などに分布していて、(8) 不安、食欲、常用癖、運動、気分、性行動、睡眠、体温調節などに関与します。(9) またまたセロトニン系が登場してきましたが、そうすると、今後再び、候補遺伝子研究の手法が用いられるのでしょうか。今回の馴化によるセロトニンレセプター2Cの発現量増加はどういう機序によるものでしょうか。数代あるいは十数代程度のごく短期間の継代で発現量が変化する機序は何なのでしょうか。今後の研究の進展を見ていきたいと思います。

(3) マウスの場合

神経科学では、環境を充実させることとは「住環境を通常に比べて感覚的、認知的、運動的な刺激を高めること」[10]とされています。ウォーカーたち[10]によれば、充実した環境はいろいろな効果を生みます。学習や記憶の促進、大脳皮質の厚みが増したり、海馬の神経細胞の新生をおこすこと、不安の減少、薬物依存の減少、病的状態からの回復の促進、ステレオタイプな(紋切り型の)行動の減少などです。

充実した環境(以下、充実環境と略)に動物をおくことによってこれらの効果を認めた報告は多いのですが、一方、効果がなかったとか、逆効果だったという報告も見られます。充実環境は時には不安を増強することもありますし、副腎皮質ステロイドのレベルに無関係だったり、むしろステロイドのレベルを上昇させることもあります。さらに、一部のアルツハイマー病のモデルではアミロイドのプラークを増加させたり、あるいは薬物依存を強めたりすることもあるといいます。

充実環境においたときの動物の反応に関して、いくつかの事項が知られています。まず、年をとった動物は充実環境にほとんど興味を示しません。これは加齢による体力低下、新奇性恐怖、無快感症のためと考えられます。そこで、ウォーカーたち[10]は、新奇性恐怖あるいは無快感症のマウスは充実環境を利用できないかどうかを検討しました。マウスにとっての充実環境とは、広い空間、物理的に複雑な構造で、楽しみになるような、たとえばくるくる回れる回し車やかじれる物など、また、いろいろな新奇な物が定期的に入れ替わって与えられるような、刺激を備えた環境としています。

ウォーカーたちは、マウスが充実環境を利用できたかどうかを、エサの摂取量を測定することで評価しました。充実環境に置いてある糸巻きからマウスが糸を引っ張り出して遊ぶ時の引っ張り出した糸の長さ、あるいは、かじって壊せるプラスチックの壊された量とエサの摂取量のあいだには正の相関が認められました。また、新奇刺激物（プラスチックのストローやさじやカードなど）をオリの中に入れた時、新奇刺激物にマウスが最初に接触するまでの時間とエサの摂取量は逆相関していました（接触するまでの時間が短いマウスは摂取量も多かった）。さらに砂糖を与えた時、与えた日に砂糖を摂取する場合を快感を感じることができる（無快感症ではない）マウスと定義したのですが、無快感症でないマウスは無快感症のマウスに比べて、エサの摂取量も多かったのです。結局、充実環境に置かれた、新奇性恐怖あるいは無快感症のマウスは予想通り、そうでないマウスと比べて充実環境を利用できませんでした。ウォーカーたちは、新奇性恐怖のマウスにとって、新奇な充実環境はむしろストレスになっている可能性もあると指摘しています。

マウスの結果をそのままヒトに適用することはできませんが、それでも、我々が検討した、生まれて初めて入浴する時に泣く子は、次の入浴でも泣くという新奇性を嫌う気質は、このようにマウスで類似の実験状況を作ることができる可能性もあります。さらに、後述しますが、近交系マウスで見られる個体差はエピジェネティックスやネオジェノミックスに基づいている可能性も考えられます。また、新奇性恐怖のマウスにとって、充実環境はむしろストレスになっていると いう仮説がもし正しいなら、新奇性を嫌う乳児に対するアプローチを再検討しなければなりません。このような仮説は前述の発達心理学の先行研究（チェスとトーマス、ケーガン、ロスバート）では指摘されていないように思います。

さて、もう一つ、近交系のマウスの系統を使った興味深い研究があります。[11] 近交系マウスはきょうだい、あるいは親子交配を20世代以上くりかえして得られた系統で、[12] エピジェネティックスやネオジェノミックスの問題はあるものの、ある近交系マウスの系統の中の2匹は一卵性双生児同様、遺伝的背景がほぼ同じと考えられます。一卵性双生児は1個の卵が1個の精子と受精した後に、2個の胎芽に分割し、それぞれが1個体として発育する場合です。[13] 近交系の場合は、遺伝的背景が同じと考えられる1個の卵と1個の精子が受精した受精卵からできた1個体が2組あるので（もともと2個の受精卵から2個体が生まれますから）、エピジェネティックスやネオジェノミックスの立場から考えると、一卵性双生児と近交系は異なります。

この興味深い研究は以下のとおりです。[11] フロインドたちは40匹の近交系マウスを1つの大きなオリで飼育しました。実際はオリというより、マウスがいろいろな刺激を受けるように、マウスにとって好奇心を刺激するような環境にしたのです。オリは4階建て構造になっていて、各階は管でつながっています。マウスは管の中を通って別の階に移動できます。1階は2つに仕切られ、仕切りの壁の間にも移動用の管が設置されています。3階と4階には巣作り用の箱も準備されています。生後4週齢のメスのC57BL／6Nマウス40匹をこのオリの中で3か月間飼育します。4週齢のマウスは好奇心の強い時期だと思います。また、マウスは生後8週でほぼ性成熟しますので、生後8週になるとヒトの20歳くらいに相当します。マウスの後頭部には無線装置をつけておき、オリの中のどこにいるか、位置を記録します。

結果はつぎのとおりです。まず、実験開始3か月後（マウスは16週齢に達しています）、マウスの体重と脳重量を、このような充実した環境にいたマウスと通常の環境で飼育されていたマウスのあいだで比較すると、充実環境のマウスの方がどちらも重い傾向にありました。さらに、充実環境にいて、よく動いたマウスとそれほど動かなかったマウスを比較しました。それには細胞内DNAマーカーを用いると、新しく細胞がつくられている状態を評価することができるので、実験期間の終了3週間前にマーカーをマウスに注射して、海馬の神経細胞の新生を検討しました。すると、よく動いたマウスの方が海馬の神経細胞の新生は有意に増加していたのです。

納得のいく結果ですが、問題も感じます。それは遺伝的に同一と思われる近交系のマウスでありながら、すでに、よく動くマウスとあまり動かないマウスがいるのはなぜかということです。研究者たちは、この研究に用いたマウスは同じC57BL／6N系統ではあるが、できるだけばらばらのきょうだい（すべてメスです）由来のマウスを用いたと述べています。この段階でできるだけばらばらにしておかないと、おそらく、マウスの移動パターンが同じようなものになってしまい、結果として海馬の神経細胞の新生も似たものになってしまうかもしれません。別の言い方をすれば、この研究はエピジェネティックな違いはおりこみ済みで（子宮内のマウス胎児の位置、栄養、胎児間または母体との相互作用、インプリンティングのエラー、母親のストレスや疾患、生後4週間の実験開始までのマウス同士の相互作用など、エピジェネティックな違いを生じるすべての可能性を認めたうえで）、その後のマウスの行動が脳の発達にどう影響するかを見た研究ということになります。あるいは、この研究の比較研究として、できるだけ均一な集団（たとえば母親マウス同士が姉妹で父親マウスは同じである、メスの子どもマウスたち）を用いると、それらのマウスたちはオリの中の移動範囲も似ていて、結果として海馬の神経細胞の新生も似ることが予想されます。このことから、性格あるいは行動特性の決定は生まれか育ちかではなくて、生まれと育ちと両者の相互作用ということになるでしょう。

もう一つ、研究者たちが観察したのは、充実環境におかれたマウスたちの移動範囲の個体差が時間とともに大きくなったことです。広く移動するマウスはますます広く移動するようになり、あまり移動しなかったマウスも時間とともに移動範囲が拡大するものの、拡大の程度は小さく、広く移動するマウスとの差は広がっていきました。つまり、時間とともに行動特性の違いは大きくなるわけで、前章で述べたシャーニーの主張（双子の違いは時間とともに大きくなる）と一致する結果でした。

この章のまとめ

・捕獲した野生のカラスを対象にして、脅威・恐怖感を与えたのちにPETスキャン（ポジトロン断層法）を用いて脳内の活性化部位を調べた研究によると、持続する脅威・恐怖に遭遇すると、高次の感覚領域や空間学習領域が活性化されるだけでなく、扁桃体など辺縁系の活性化も認められた。

・トリの海馬は哺乳類の海馬と同様、空間記憶の形成に働いている。トリの場合、海馬は恐怖の学習全般に関わっているか、あるいは位置情報と関連した恐怖の学習に関わっていると考えられた。

・キツネの馴化研究は1959年にベリャーエフによってシベリアのノヴォシビルスクの研究所で始められ、興味深い結果をもたらした。ヒトになつくようなキツネ同士を選択的に20世代も交配すると、3分の1のキツネが馴化してヒトとのふれあいを求めるようになった。

・この群のキツネでは副腎皮質ステロイドの血中濃度は対照群の半分程度まで低下して、脳内のセロトニンのレベルは上昇していた。このほか、馴化したキツネでは、頭蓋骨が小さくなったり、オスの頭が小さくなってメスと似てきたり、性成熟が1か月早くなり、繁殖期は長くなり、季節性を失うなどの変化がおこった。
・これらの形質の変化はエピジェネティックなものでも、母親の養育のしかたによるものでもなかった。キツネの馴化に関連する領域はキツネの特定の染色体上にあり、この領域はオオカミが家畜化してイヌに進化することとも関連する領域である。
・さらに、馴化したキツネと馴化していないキツネの間で発現量の異なる遺伝子9種類のうちの1つはセロトニンレセプター2Cであることが明らかになった。キツネの馴化に関わる遺伝子領域と、その遺伝子領域の役割が今後明らかになっていくと思われる。
・哺乳類では、その動物が住む環境が充実していれば（通常に比べて感覚的、認知的、運動的な刺激を高めた住環境では）いろいろな効果を生み出す。学習や記憶の促進、大脳皮質の厚みが増したり、海馬の神経細胞の新生をおこすこと、不安の減少、薬物依存の減少、病的状態からの回復の促進、ステレオタイプな（紋切り型の）行動の減少など。しかし、効果がなかったとか、逆効果だったという報告も見られる。
・効果がない場合の一部は、その動物に理由があると思われる。たとえば、新奇性恐怖あるいは無快感症のマウスは充実環境を利用できない。新奇性恐怖のマウスにとって、新奇な充実環境はむしろストレスになっている可能性もある。
・別の研究では、生後4週齢の近交系のマウスを充実環境のオリの中で3か月間飼育した。充実環境にいて、よく動いたマウスとそれほど動かなかったマウスを比較すると、よく動いたマウスの方が海馬の神経細胞の新生が有意に増加していた。
・このことから、性格あるいは行動特性の決定は生まれか育ちかではなく、生まれと育ちと両者の相互作用ということになろう。
・また、充実環境におかれたマウスたちの移動範囲は、時間とともに個体差が大きくなった。つまり、時間とともに行動特性の違いは大きくなることになり、双子の違いは時間とともに大きくなるという考え方と一致した。

注

［1］【トランスクリプトーム解析】ＲＮＡ転写量を遺伝子、細胞、組織、個体、あるいは種レベルで比較分析し、あるいは異なる条件下にある転写量を比較分析し、発現調節を通したストレス応答や生体反応を調べること。(14)

第7章　性格をめぐるさまざまな話題

(1) 運動は脳の可塑性を高める

ボスたち(1)アイオワ大学の研究者たちは、運動が脳の可塑性にどう影響するかについて詳しい総説をまとめています。可塑性とは生体が外部からの何らかの信号に対応し、正常状態を保持するのに示される性質で、神経科学の場合は、中枢および末梢の神経回路において、シナプス部での伝達効率に変化がおこる性質とされていて、伝達効率が上昇する現象を増強（シナプス増強）、減弱する現象を抑圧（シナプス抑圧）と呼んでいます。可塑性は個体が環境や経験に依存して、行動や刺激に対する反応を変化させるためのプロセスで、学習や記憶もこの性質の延長上に位置づけられています(2)。

ボスたちの総説(1)は次のようにまとめられています。まず、運動はほかの環境要因、たとえば認知能力に対する刺激、充実した環境、社会的な相互作用などに比較して、より脳の可塑性を高めることができるのかどうか。次に、実験動物とヒトにおいて、学習や記憶を司る脳領域である海馬に、運動はどのような認知的効果を及ぼすか。それから、その効果の機序として、神経栄養因子、シナプスの可塑性、神経細胞の新生、血管新生、機能的脳画像解析、また、エピジェネティックあるいはジェネティック（遺伝学的）な検討を行いました。ボスたちの結論を端的に言えば、運動は、動物でもヒトでも、簡単で、費用もかからず、生活様式をよりよいものにすることができる手段ということです。この総説では、性格や行動特性に対する運動の肯定的な評価が行われています。

運動と環境の充実化について

ヒトを充実環境におくことについては、知的関与仮説があります。この仮説は社会的な広範な刺激を受けたり、面倒な決定を要する状況におかれるなど、複雑な環境にあることが人生における認知の発達と関連するというものです。

マウスやラットの充実環境としては、オレンジ色のボール（視覚刺激）、シーソーのおもちゃ（体性知覚）、回り車（大脳運動野＋小脳）、積木（海馬や大脳皮質による認知）などの設置があげられます。(3) 回り車を用いたランニングは、マウスでは海馬の神経細胞新生を増加させ、樹状突起にあるスパイン（棘突起。神経細胞の樹状突起や細胞体に存在する小さな突起）を増加させ、シナプスの可塑性を高め、神経栄養因子のレベルを上昇させ、空間記憶を増強します。回り車運動ができない環境では、神経細胞新生や神経栄養因子の増加は見られません。

ヒトでの研究結果はマウスやラットの場合と同じく、運動は脳の構造や機能によい影響を与えることを示しています。

空間学習と相互関係の記憶

思春期前の子どもではフィットネスが相互関係の記憶を高めます。このような記憶は単純記憶とは違って、海馬に強く依存しています。海馬は歯状回、CA3領域、CA1領域の3つの領域から成っていて、それぞれに特殊な細胞があり、学習や記憶に関わっています。歯状回は新しいニューロンを作る能力があり、マウスやラットではこの能力は運動によって2倍から3倍にもなります。また、歯状回とCA3領域の一部はパターン認識に重要で、類似した刺激や経験を区別して記憶します。運動によっておとなでも神経細胞新生を亢進させることができ、神経細胞の増加はより精緻な空間認知を可能にします。ヒトではfMRI（機能的磁気共鳴画像）解析によってマウスやラットと同じく、歯状回とCA3領域の活性化と空間認知の精緻化が認められます。一方、うつの人では空間弁別能が低く、ストレスやうつは成人の神経細胞新生を減少させると考えられます。

運動による脳内の変化と認知における神経栄養因子

運動によって、神経栄養因子の一つである脳由来神経栄養因子のメッセンジャーRNAとタンパク発現は海馬中、とくに歯状回で増加します。この増加は、少なくとも2週間は持続します。運動によって発現が亢進する多数の遺伝子は脳由来神経栄養因子と相互作用するところから、この因子は脳の可塑性において中心的役割を果たしていると考えられます。

認知機能はヒトでもマウスやラットでも加齢とともに低下します。加齢による認知能力の低下の機序はいくつかありますが、その一つがこの因子のレベルの低下で、海馬の機能低下と記憶障害に関連しています。

運動をしているときも休んでいるときも、血中脳由来神経栄養因子の70～80%は脳で産生されます。マウスやラットでは、運動時にはこの因子のほか、線維芽細胞増殖因子2や神経成長因子も海馬での産生が亢進します。そのほか、インスリン様成長因子1や血管内皮細胞増殖因子も増加します。インスリン様成長因子1は血液脳関門（脳内の血管と脳実質のあいだにあって、血流から脳内に物質が透過することを調節している機能的な障壁）(2)を透過できますが、血管内皮細胞増殖因子の透過は限定的です。インスリン様成長因子1と血管内皮細胞増殖因子が血液脳関門を透過できないようにすると、運動の神経学的効果は妨げられてしまいます。

シナプスの可塑性

運動による学習や記憶能力の向上は、シナプスの可塑性、遺伝子発現の修飾、神経新生の増加と直接に関連しています。これらの変化の多くは海馬で認められます。学習や記憶への効果は第4章7節で述べた長期増強の有無で調べることができます。回り車運動をした若いマウスやラットの歯状回では長期増強を認めますし、年をとったラットでも、長期増強低下を逆転することができます。年をとったマウスでも運動によって神経細胞新生はおこりますし、神経細胞の機能は若いマウスと変わりません。

神経細胞新生と脳構造

マウスやラットでは若い脳でも年をとった脳でも、運動は神経細胞新生を2倍以上に高めます。運動は歯状回の新しく作られた神経細胞の増殖、生存、分化に影響します。神経細胞新生におよぼす運動効果の機序は明らかではありませんが、以下のようなことがわかっています。まず、神経栄養因子の関与の可能性があげられます。次に、マクロファージ（貪食細胞）やミクログリア（小膠細胞）も関係しています。脳内のミクログリアを除去すると、運動による神経細胞新生は阻害されます。運動によって歯状回顆粒細胞の前初期遺伝子（様々な細胞外の刺激により早期に発現する遺伝子群）の発現が増加しますが、運動によるシナプス活性化と関連しているようです。さらに、神経伝達物質システムも関与しています。カンナビノイド・シグナル伝達系を阻害すると、運動による神経細胞新生は妨げられます。また、トリプトファン水酸化酵素2欠損マウスでは脳のセロトニンが欠損していて、海馬の神経細胞新生は保たれているにもかかわらず、運動による神経細胞新生増加は阻害されています。

神経細胞新生は中年以後、加齢とともに低下し、認知機能の低下と関連しています。神経細胞新生には末梢血中のサイトカインが関与しています。若い動物と年をとった動物のパラビオーシス（2匹の動物の血管を外科的に結合させ、相互の血流が交わるようにする実験方法）を行うと、若い動物からのサイトカインによって年をとった動物の神経細胞新生がおこります。マウスやラットでは年をとってからでも運動によって神経細胞新生がおきるのは、筋肉由来あるいは血液由来の因子が脳へ運ばれて作用することによります。

18か月まで運動をしていないマウスでも（マウスの寿命はおよそ24か月です）、その後の運動によって神経細胞新生を高めることが可能です。アルツハイマー病やダウン症のモデルマウスにおいても運動は神経細胞新生を促進し、認知障害の見られるこれら疾患の認知能の改善に良い影響を及ぼします。

中高年のエアロビクスが認知能力と大脳白質統合性におよぼす影響を調べた研究があって、拡散テンソルMRというMRI（磁気共鳴画像）の新しい撮像法を用いて、エアロビクスが白質の加齢による変化を抑制すると報告されています。

さらにMRS（磁気共鳴分光）という方法があり、これを用いると脳内の生化学的プロファイリングが可能になります。MRSで調べることのできる代謝産物の一つにN‐アセチルアスパラギン酸があり、これは神経系に特異的な物質です。N‐アセチルアスパラギン酸は神経細胞体のミトコンドリアで産生され、細胞体と樹状突起と軸索に分布します。血管の分布とは関連しません。66～80歳でもフィットネスを行う人ではN‐アセチルアスパラギン酸のレベルが高いという報告があります。そのほか、脳構造に及ぼす運動の影響評価によく用いられるのは、脳の特定の部位の重量測定です。たとえば年をとった人でも、エアロビクスを1年も行うと海馬の容積が1～2％増大します。

血管新生

運動をある程度の期間行うと、脳はそれに応じて血管新生が盛んになります。脳の血管新生にはインスリン様成長因子1と血管内皮細胞増殖因子が関与しています。ランニングは海馬のインスリン様成長因子発現を亢進させ、そのタンパクを増加させます。運動は脳の直径0・5ミリメートル以下の小血管を増加させますが、大きい血管には影響しません。このことは白質の強靭化に役立っており、ひいては灰白質の萎縮や認知障害の発生を予防していることになり、運動は精神的老化を防いでいます。

ジェネティックスとエピジェネティックス

哺乳類ではエピジェネティックな過程は認知と関連しています。ヒストン（第2章注1参照）のアセチル化は記憶形成を亢進させます。若いラットでも年をとったラットでも、2週間回り車運動をさせると、海馬のDNAのヒストンH3・K9のメチル化が減少し、[4] ヒストンH4のアセチル化は増加していました。[5]（ヒストンは5種類に分類され、H3はそのうちの一つです。H3ヒストンのアミノ末端から9番目のアミノ酸はリシンで、これをH3・K9と表記します。H3・K9のメチル化はDNAの転写を抑制します。）この結果は記憶力の改善と関連していると考えられています。

運動に対するジェネティック（遺伝的）な影響としては、マウスの系統によって運動効果が違うことがあげられます。6週間の運動ののち、AKR／Jなどの系統では神経細胞新生は4～5倍にも増加していましたが、C57BL／6Jでは1・6倍の増加しか見られません。

ヒトの場合は特定の遺伝子のスニップが認知や神経系に影響します。これらの遺伝子のうちで詳しく検討されているのはアポリポ蛋白E遺伝子です。アポリポ蛋白E遺伝子はリポタンパクを作る遺伝子で、コレステロールの運搬に重要な役割を果たしています。対立遺伝子としてE2、E3（これが最も多い）、E4があります。E4は14％の人に見られますが、動脈硬化症とアルツハイマー病に関連しています。E4を持つ人は持たない人に比べて4倍アルツハイマー病になりやすいと考えられています。また、アルツハイマー病にならなくても、中年になると認知機能が低下します。ただし、E4キャリアーであっても毎日運動を1時間以上行う年配者は、運動しない人に比べて認知能の低下が見られる割合は4分の1です。ただ、これらの結果が得られた研究では、それぞれの研究条件が大きく異なっているので、解釈には注意が必要です。

動物実験の場合、遺伝子組み換えアポリポ蛋白E4マウス（アポリポ蛋白E4遺伝子を持たない系統のマウスにアポリポ蛋白E4遺伝子を導入して作ったマウス）ではアルツハイマー病発症の可能性が高いのですが、回り車運動を6週間行うと空間学習能が改善します。しかし、神経変性疾患すべてに運動が有益なわけではありません。たとえばハンチントン病モデルマウスでは、運動の神経細胞新生効果は見られません。

ヒトで運動による脳機能や認知能力の改善効果をもたらすものとして、脳由来神経栄養因子やカテコール-O-メチルトランスフェラーゼ遺伝子についても検討されています。脳由来神経栄養因子の変異型であるバリン／バリン・タイプ（コドン66がバリン／バリンになっている人。第4章7節参照）は学習・認知能力が高く、メチオニン・タイプ（バリン／メチオニンまたはメチオニン／メチオニンの人）ではうつのリスクが高いとされています。健康な思春期の少女でメチオニン・タイプの場合は十分な運動を行うとうつになる割合は少なくなるけれども、バリン／バリン・タイプではうつ予防効果はないそうです。特定の遺伝子の対立遺伝子型によって運動の効果があったりなかったりするという結果は、薬剤の効果が遺伝的に決まる場合に似ています。個人に応じた医療を行う、いわゆるテーラーメード医療を連想させます。

もう一つの遺伝子、カテコール-O-メチルトランスフェラーゼについて述べます。これはシナプス間隙においてドーパミンを不活化する酵素です。カテコール-O-メチルトランスフェラーゼの多型はコドン158におけるバリンのメチオニンによる置換で、メチオニン/メチオニンの場合、カテコール-O-メチルトランスフェラーゼの酵素活性はバリン/バリンの人の3分の1から4分の1程度に減少します。したがってバリン/バリンの人ではもともと前頭前野のドーパミンのレベルが低いと考えられます。それに対してメチオニン/メチオニンの人では、作業記憶（ワーキングメモリ）の高いパフォーマンスを示します。一方、バリン/バリンの人では運動を行うと、メチオニン/メチオニンまたはバリン/メチオニンの人に比べて認知能の亢進が著明です。(6)

以上のように、ヒトでの遺伝子レベルの検討は興味深いものがありますが、研究の条件がそれぞれ大きく異なります。動物実験では条件の統一が可能です。動物実験の結果と比較しながら、ヒトの運動と認知の関係の研究が遺伝子レベルでさらに深化することが期待されます。また、多数例での双生児研究や死後脳の研究によって、脳のより詳細な領域における遺伝子発現に及ぼす運動の影響のエピジェネティックスからの検討も可能でしょう。

なお、アメリカスポーツ医学会とアメリカ心臓協会から成人の運動量についての推奨案が出されていて、(7)中程度の運動なら1週間に150分、強い運動なら75分で健康に効果があるとされています。子どもと思春期の若者には、1日60分以上の運動が勧められています。

（2）食事内容は脳と行動に影響する

最近、中枢神経系との関わりが注目されているものに腸内細菌叢があります。腸内細菌叢は神経系や内分泌系や免疫系を介して中枢神経系と相互作用を行い、脳の機能や行動にも影響すると考えられ始めました。以下、クライアンたちの総説[8]に基づいて紹介します。

ヒトの消化管には10兆個から１００兆個の細菌が住んでいるとされます。ヒトの総細胞数は60兆個ですから、それに匹敵する数です。そのために腸内細菌叢を「忘れられた器官」と呼ぶ人もいます。成人の腸内細菌叢は１０００種以上の細菌から成っています。腸管における細菌のコロニー形成はヒトの出生とともに始まります。経腟分娩（産道からのお産）によって新生児は複雑な細菌叢にさらされます。そうして成立した乳児の細菌叢は母親由来ですが、1歳になると成人と同様の複雑な腸内細菌叢が見られるようになります。

ヒトの腸内細菌叢は個人差は大きいものの、大まかには次の3つに分類できます。すなわち、バクテロイデス属、プレボテラ属、ルミノコッカス属です。腸内細菌叢は通常はバランスのとれた構成になっていますが、この構成が破たんすると疾患感受性が高くなります。食事は細菌叢の構成に影響します。たとえばバクテロイデス属は高脂肪、高タンパク食と関連しますし、プレボテラ属は高炭水化物食と関連しています。また、高齢者の腸内細菌叢は若年者と異なることが知られています。

腸内細菌叢とストレス

生後6~9か月のアカゲザルでは母親と分離させると、分離後3日で便中のラクトバチルスが減少することが知られています。子どもの時期の母子分離は長期にわたって影響します。生後2~12日の期間、母子分離されていたラットは、おとなになっても便の細菌叢の構成が母子分離されなかったラットとは異なります。

おとなでも慢性ストレスは腸内細菌叢の構成に影響します。長期間拘禁されたマウスではバクテロイデス属が減少し、クロストリジウム属が増加しています。さらに血液中のインターロイキン6とケモカインCCL2も増加していて、免疫系が活性化していることが示唆されます。慢性ストレスは腸内細菌叢の構成を変化させ、炎症を高めるサイトカインの上昇と関連していることになります。さらに慢性ストレスは腸管粘膜表面のバリヤーをこわし、腸管の病的な透過性を高め、細菌の細胞壁成分であるリポポリサッカライドのような免疫系を活性化させる物質の血液中レベルも高めます。このような炎症性反応をプロバイオティックな細菌（ヒトや動物が摂取すると健康に良い影響を及ぼすような生きた微生物。善玉菌）は抑制します。

また、ヒトではうつ病などのストレスに関連した精神疾患では細菌の分布の変化が知られています。善玉菌と考えられているラクトバチルス・ファルシミニスは腸管粘膜バリヤーの破たんと、精神的なストレスによっておこる視床下部‐下垂体‐副腎系の活性化を予防する可能性が示されています。ちなみに細菌名は属・種を続けて表記するので、ラクトバチルス・ファルシミニスはラクトバチルス属のファルシミニス種ということになります（厳密には文法的な問題はありますが）。

行動と認知への影響

腸内細菌叢は視床下部‐下垂体‐副腎系の発達に関わっています。おとなの無菌マウスを中程度の拘禁ストレスにさらすと、正常の腸内細菌叢を持っている無病原菌マウスに比べて、副腎皮質ホルモンが大量に分泌されています。ここで、無菌マウスとは体内に細菌を持たないマウスで、無病原菌マウスは病原菌は持たないが、非病原性の細菌（たとえば善玉菌）は持っているマウスのことです。無菌マウスのストレス反応は無病原菌マウスの便を腸管内に増やすこと（コロニー化）によって部分的に回復しますし、ビフィドバクテリウム・インファンティスの投与を行えば完全に回復します。善玉菌のコロニー化が早いほど効果も大きいですし、無菌母親マウスに出産前に善玉菌を投与しておくと、その子どもマウスはストレスからの回復が完全であると報告されています。

視床下部‐下垂体‐副腎系の正常な発達のためには腸内細菌叢が善玉菌によってコロニー化されることが必要で、それは子どもの時期に臨界期があるようです。無菌動物では脳由来神経栄養因子レベルの低下と大脳皮質と海馬のＮＭＤＡ型グルタミン酸受容体サブユニット２Ａの数も減少しています。NMDA型グルタミン酸受容体の減少は記憶や学習能力の低下につながる可能性があります。無菌動物では作業記憶も低下しています。ただ、このような無菌動物での行動研究は技術的には難しく、可能な施設は限られるようです。

マウスは系統によって生理学的、あるいは行動の違いがあり、腸内細菌叢の構成の違いもあります。(以前に私も4年間ほどマウスを使って実験をしていましたが、系統によって気の荒さが違うのを経験していました。)

さて、無菌のBALB/cマウスとNIHスイスマウスを使って、それぞれのマウスにそれぞれが本来持っている腸内細菌叢を移植すると、それらのマウスは対照群のマウス(BALB/cの無病原菌マウスとNIHスイスの無病原菌マウス。これらのマウスは常在菌は持っています)と同様の探索行動を行いました。しかし、無菌マウスに移植する腸内細菌叢を逆にすると(BALB/cマウスにNIHスイスマウスの腸内細菌叢を移植する)、腸内細菌叢をもらったマウスの探索行動パターンを示すそうです。(9) 驚くような結果です。

無菌動物では海馬のセロトニンおよびその代謝産物の5-ヒドロキシインドール酢酸が上昇しています。血液中ではセロトニンの前駆物質であるトリプトファンも増加しています。したがって腸内細菌叢は中枢神経のセロトニン系にも影響しているようです。また、腸内細菌叢が中枢神経におよぼす作用には性差が認められます。ヒトでは、個人の腸内細菌叢の構成の違いが不安や抑うつ状態に対する感受性に影響する可能性も示唆されています。

以上は無菌マウスを用いた研究成果ですが、実験的な腸内病原細菌感染によって腸内細菌叢‐腸‐脳系の機能を調べる研究も行われています。マウスにトリクリス・ムリスという菌を感染させると、マウスは不安行動をとるようになり、海馬の脳由来神経栄養因子のメッセンジャーRNAが減少します。また、炎症性サイトカインのTNF‐αとインターフェロン‐γの血漿中濃度も上昇します。善玉菌であるビフィドバクテリウム・ロングムを投与すると行動は正常化し、海馬の脳由来神経栄養因子のメッセンジャーRNAレベルは正常化しますが、血漿中サイトカイン濃度には変化が見られません。このことから、腸内細菌叢はいくつかのルートを介して、脳にシグナルを送っていると考えられています。

善玉菌であるラクトバチルス・ヘルベティクスとビフィドバクテリウム・ロングムの組み合わせを投与すると、ラットの不安行動は減少しますし、ヒトでは血清コルチゾールが低下しました（不安が軽減したと考えられます）。

以上のように、善玉菌は、炎症性サイトカインを低下させたり、さらに脳の脂肪酸（アラキドン酸とドコサヘキサエン酸）のレベルを上昇させる結果もあり、神経細胞新生や神経伝達や抗酸化ストレス作用との関連、また、不安やうつを軽減したり、学習や記憶にも影響すると報告されています。善玉菌の脳機能や行動に及ぼす影響は多彩で、一部は迷走神経を介しているようです。

腸内細菌叢と中枢神経系関連病変との関わり

腸内細菌叢と脳機能の関わりは動物実験を中心に明らかになってきましたが、ヒトの中枢神経系関連病変における意義も検討されています。たとえば内臓痛覚は腸内細菌叢の影響を受けます。ラットの実験で善玉菌のビフィドバクテリウム・インファンティスを投与して痛覚の閾値《いきち》(刺激が知覚される最低の限界値)を高め、大腸直腸の拡張に伴う痛覚行動を減らしたという報告があります。また、同じくラットでラクトバチルス・アシドフィルスを投与するとカンナビノイド2レセプターとμ‐オピオイド1レセプターの大腸上皮における発現を誘導することで、腸過敏症を減らすことができるという報告もあります。

自閉症スペクトラム障害(ASD)についても、腸内細菌叢との関わりが検討されています。自閉症スペクトラム障害とは、発達水準や精神年齢に比べて、対人関係技能、意思伝達能力などが低下しており、常同的な行動、偏った興味や活動が認められる発達障害と定義されます。コミュニケーションの障害が主体です[10]。

消化器症状は自閉症スペクトラム障害にひんぱんに見られることから、消化器系の異常おそらくは腸内細菌叢の異常が自閉症スペクトラム障害に関与しているのではないかと推測されています。自閉症スペクトラム障害の子どもは腸内細菌叢の構成が健常者と異なっているのですが、抗生物質を投与されることが多いのでそのためかもしれず、評価は明確ではありません。また、自閉症スペクトラム障害の子どもは便中の短鎖脂肪酸が増加しているという報告があります。短鎖脂肪酸は細菌の代謝産物であり、神経に作用するので、脳の機能に影響するのかもしれません。

そのほか、腸内細菌叢との関わりが考えられている中枢神経疾患として多発性硬化症がありま す。多発性硬化症は中枢神経系のあらゆる部位に多発する炎症性脱髄病巣を生じる自己免疫疾患で、多彩な神経症状を示し、神経機能が進行性に悪化する難病です。[11]

多発性硬化症の動物モデルである実験的自己免疫性脳炎はマウスに中枢神経抗原を注射して作製しますが、無菌マウスでは実験的自己免疫性脳炎の重症度は著しく軽かったそうです。また、抗原を注射しなくても自然に実験的自己免疫性脳炎を発症するマウスの系統がありますが、このマウスを無菌下に、あるいは無病原菌マウス状態で飼育すると、一生涯、実験的自己免疫性脳炎を発症しませんでした。さらにおとなマウスの通常の腸内細菌叢を移植すると実験的自己免疫性脳炎を発症したと報告されています。

以上のように、実験データや臨床観察は腸内細菌叢 - 腸 - 脳系の存在と、健康と疾病における腸内細菌叢の脳と行動への影響を示しています。今後はこの系に免疫、神経、内分泌系がどのように関わっているかが明らかにされなくてはなりません。これらの経路が明らかになることで、腸内細菌叢が消化器疾患だけでなく、うつや不安のような神経精神疾患に関わっていること、さらには正常脳機能に果たす役割が理解されるでしょう。腸内細菌叢は細菌の系統によって中枢神経作用が異なりますし、腸内細菌の代謝産物の違いや細菌壁の多糖類の関与も検討される必要があります。

（3） 教育の役割

教育は子どもの性格を決める環境要素としてきわめて重要です。最近、アメリカ小児科学会はプライマリ小児科医（小児科開業医など一次診療を行う小児科医）に向けて読み書きのすすめ（リテラシー・プロモーション）を発表しました[12]。アメリカ小児科学会は、小児科医が子どもに対して乳児期から少なくとも幼稚園入園までは文字を読む能力の発達を促進するように勧めています。なお、リテラシー（literacy）という語は読み書きの意味ですが、日本語では適切な訳語がなく（1歳の子のリテラシーというときに、読み書きの能力とは訳せないので）、やむを得ず、以下の文章では、読み書き、文字能力、読み、などと場合によって使い分けました。

小児科医へ向けて具体的には、①親子関係を強め、子どもが言語を学び、読みの能力を身につける準備ができるように、すべての親に子どもと一緒に大きな声で読むように助言する。②子どもにとっても親にとっても成長の時期に応じた楽しい読書体験について、親へのカウンセリングを行うとともに、本や絵画などをできるだけ体験させる。③すべてのハイリスクあるいは低所得の家庭の子どもに対して、健診の際に子どもの発達に応じた本を準備する。④これらの目標達成を図るためにさまざまな選択肢を準備する。⑤早期の読書体験を推進するための全国的な行動に、子どもたちのためのほかの団体と協力して取り組む。

実際、早期の規則的な親子読書はあとで読書習慣が確立するための要因の一つです。小学3年生までに読書に習熟することは、高校を卒業できるか、職業が成功するかどうかの最も重要な予測因子です。毎年、米国の3分の2の子どもは、また、貧困層の子どもの80%は、小学3年生の学年末までに読書能力が身につきません。低収入の家庭の子どもは、そうでない子どもに比べてその子の育つ環境で聞く語いも少ないし、3歳までに知る語いも少ないのです。

このような子どもは家庭内での読書の手段や、定期的に本を読んでもらうようなことも少なく、環境に恵まれず、ストレスが多いです。その後、就学前の教育的介入が行われたとしても、これら全てのことがらの結果、子どもにとっては著しい学習上の不利益が生じます。

全ての家庭に共通していますが、親は時間がなく、大きな声で読み聞かせすることの重要さを十分理解してもおらず、子どもはテレビやスマートフォンやゲーム機などさまざまな電子媒体に囲まれているなどの問題があります。電子媒体に受け身に、あるいは一人で接することに比べると、子どもへの親の読み聞かせは非常に個人的な養育体験であって、子どもの脳が発達するきわめて重要な時期に、親子関係を深め、社会的な感情を発達させ、言語と読み書きの能力を身につけさせることになります。

8~9歳の子どもの持っている語い数のバラツキの60%は、子どもたちが3歳になるまでに家庭で接した言葉の豊かさによって決まると考えられます。成人で読書能力が低いと、経済的能力も低くなり、貧乏、不健康、生涯にわたって他人に依存する生活をするような負の連鎖に陥ってしまいます。

２００３年の米国の国内調査では、成人の14％が基本的な読み書きの能力がなく、22％は基本的読み書きしかできません。これは米国の９０００万人以上の成人が、効果的な健康管理サービスを受ける手続きをする文字能力がないことを意味します。このような能力の欠如した親の子どもは、薬の服用量の誤りや健康への無配慮など、さらなるリスクにさらされます。

アメリカ小児科学会の唱道する「手を伸ばそう、そして読もう」運動は、低所得者層や移民や下町居住の家族の幼児の読書体験を促し、電子媒体にさらされることを減らし、親子関係の親密化を可能にします。とくに、読み書き能力にリスクがある子どもたちにとって、「手を伸ばそう、そして読もう」運動は、大きな声で読む、親子が一緒に読む、親子の関係が深まる、家庭の文字能力が高まる、幼児期の言語表現力・理解力が高まる、といったことがらとつながっています。

以上を踏まえて、小児科医は早期教育のための「５つのＲ」を推進しなくてはいけません。①Reading：毎日の楽しみとしての親子読書、②Rhyming：毎日いっしょに、言葉の韻をとったり（long と song など言葉の韻をとる遊び）、遊んだり、話したり、歌ったり、抱きしめたりすること、③Routines：食事や遊びや睡眠時間は毎日決まった時間にとること。そうすることによって子どもは何をしたらいいかがわかります、④Rewards：毎日の成功をほめてあげること。たとえばお手伝いのような有意義な目標に向かっての努力を誉めてあげるなど、子どもの一番身近な人からの称賛は非常に効果的な報酬です。⑤Relationships：相互的な、養育的な、目的を持った、永続的な関係性は健康な幼若な脳と子どもの発達の基本です。そのほか、読み書き能力を高めるために、アメリカ小児科学会は2歳以下の子どもには電子媒体を見せないこと、それ以上の子どもでも、毎日2時間以上は電子媒体にさらさないこと、その代わりに親は子どもを楽しませ、子どもとの関わりを大切にして、健康な睡眠をとれるようにしなくてはなりません。これらの行動が子どもたちの発達に重要なことは論を俟ちません。

日本のベストセラーに『学年ビリのギャルが1年で偏差値を40上げて慶應大学に現役合格した話』[13]という本があります。読まれた方も多いかと思いますが、「ひたすら夢（慶応合格）に向かって努力するおバカなギャルの女子高生さやかを、塾講師の目線から」[14]描いた本です。

フリーライターの速水健朗さんは、朝日新聞読書欄でこの本をこう評しています。

> 強いて言うなら心理学の本である。これは、素直なギャルを、自分のメソッドで引き上げる塾講師の物語なのだ。学校の教師には「絶対無理」と否定された学年ビリの女子高生さやかに、著者の塾講師が慶応合格という夢を与え、彼女を否定することなく、褒めて伸ばすことでその実現を助ける。そんなふうに読むと、本書は、子どもの夢を信じてあげる大人のすばらしさと、夢を信じれば何でも実現できるという人間の潜在力を謳《うた》う感動的な読み物だ。だが、メソッドの活用次第で人は、偏差値40ぶんに相当する他人改造が可能であるということを証明した怖い本でもある。[14]

速水さんが指摘しているように、教育の効果は非常に大きいのです。ヒトの性格さえ変えることができる、強力な環境要因です。教育によって子どもを洗脳して戦場に送りこむ、少年兵の問題もあります。[15]医師には患者・被験者の人権を守るために「ヘルシンキ宣言」[16]があるように、教育の分野では「世界人権宣言」[17]があり、子どもを守るためには「子どもの権利条約」[18]があります。「世界人権宣言」第26条には、次のように書かれています。

1　すべて人は、教育を受ける権利を有する。……高等教育は、能力に応じ、すべての者にひとしく開放されていなければならない。

2　教育は、人格の完全な発展並びに人権及び基本的自由の尊重の強化を目的としなければならない。[17]

(4) 性格を決める遺伝子、そこからはるかにつながるもの

今まで、遺伝子は性格の決定にどう関わっているかを見てきました。性格は遺伝子で50％程度は決まるということがおおよそ認められていますが、それには双生児研究の成果が大きく関わっています。残りの50％は環境によって決定されると考えられていました。しかし、近年の遺伝子環境相互作用の考え方からすると、遺伝子は環境に働きかけますし、逆に、環境は遺伝子に作用

します。一例をあげると、乳児が感受性の強い子であった場合は、ちょっとしたことで激しく泣いて、お母さんをより不安にさせるかもしれません。その場合はお母さんは乳児を頻繁に抱っこするなど養育態度を変えることが考えられ、その結果、今度は乳児の脳内では海馬の糖質コルチコイドレセプター遺伝子の脱メチル化がおきることもあるでしょう。脱メチル化がおきれば、乳児はそれほど泣かなくなるかもしれません。しかし、お母さんが乳児を抱っこしないことが続けば、乳児のこの脱メチル化はおこらず、泣き続ける子になるでしょう。ですから、遺伝子の影響は50％しかないのではなくて、それ以上になる可能性が考えられます。いずれにしても、性格決定のうえで遺伝子の影響は大きいと言えるでしょう。

　遺伝子の役割は生物活動の基礎です。あるいは生物は遺伝子によって成立していて遺伝子そのものであると言えるかもしれません。現在、医学や生物学のみならず、人文科学や社会科学、工学系など広範な学術または産業分野で、たくさんの研究者や技術者が遺伝子研究に関わっています。その遺伝子研究者におそらくは通奏低音として流れているものがあり、それは人間とはなにか、について知りたいという知的欲求ではないかと思います。遺伝子研究をしていると、どうしても生命とは何か、そして人間とは何かに思いが至ることになります。

「われわれはどこから来たのか　われわれは何者か　われわれはどこへ行くのか」という画家ゴーギャンの有名な絵画[19]がありますが、この言葉を意識している研究者[20~21]も多いのではないでしょうか。私がヒトの性格を決める遺伝子について勉強しているわけは、赤ちゃんたちの個性の違いを認識して、一人ひとりの赤ちゃんとそのお母さんの育児をお手伝いすることに役立てたいという意識と、赤ちゃんという一人のヒトの性格がどう育っていくのか、そしてそれはヒトとは何かということとつながってくる、普遍的な課題であるという意識の両方からだと思っています。

人間とは何かという疑問あるいは命題について、大昔からさまざまな人がさまざまな立場から考えてきました。哲学はもちろんそうでしょう。最近の新書でも『人間って何ですか？』(22)という本があり、作家の夢枕獏さんがさまざまの領域の専門家（脳科学、宇宙物理、考古学、生物学、宗教、映画監督など）と対談しています。話が拡大してしまうのですが、それでもどうしても避けられないテーマが宇宙論です。なぜなら、この宇宙そして人間が生きることが可能な地球環境がどのようにして成立したのかは、人間を考えることと直接つながるからです。この夢枕獏さんの対談集にも当然、宇宙論が出てきます。

タイトルの趣きはやや異なりますが、『知の逆転』(23)という本も、人間とは何かをテーマにしています。これは各界の専門家へのインタビュー集です。インタビューの相手はすべてアメリカ人です（文明批評、言語学、脳科学、ロボット工学、ＩＴ、遺伝学）。これも大変興味深い本です。ちなみに、遺伝学の専門家としてインタビューを受けているのはＤＮＡの二重らせん構造の解明で１９６２年にノーベル賞を受賞した、あの、ジェームズ・ワトソンです。この本の著者は元ＮＨＫディレクターの吉成真由美さんというサイエンスライターです。ワトソンに聞きにくいことをズバッと、しかも食い下がって聞いているのが面白いと思いました。

ワトソン自身が書いた著書『二重らせん』を読まれた方も多いと思います。その中で二重らせん構造発見につながったロザリンド・フランクリンのDNA結晶のX線写真をフランクリンではなく、その上司のモーリス・ウィルキンスからワトソンと同僚のフランシス・クリックの2人が見せてもらい、DNA構造の大きなヒントになったというくだりがあります。ここは微妙なところで、フランクリン以外の3人（ワトソンとクリック、ウィルキンスの3人）がノーベル賞を受賞したのに、フランクリンは受賞できませんでした。（元々、ノーベル賞は一つのテーマについては3人しか受賞できないですし、フランクリンは1958年にがんのために死去していて、ノーベル賞は存命中の人にしか与えられません。）このあたりの事情を吉成さんは尋ねています。もっとも、ワトソン自身、この質問は今までに何度も尋ねられているだろうとは思います。

夢枕獏さんの本でも、吉成真由美さんの本でも思うことですが、もし可能なら、もう少し人文科学、社会科学系の専門家の見解も聴きたかったと私は思います。たとえば、クラシック音楽の専門家である、日本人なら小沢征爾、佐渡裕、外国人ならマウリツィオ・ポリーニ、ワレリー・ゲルギエフといった人たちに、バッハやモーツァルトやベートーヴェンの音楽と人間とは何かの関わりについての見方をうかがいたいのです。（さらにたくさんの優れた専門家がいらっしゃると思いますが、頭に浮かんだ人たちの名前をあげました。）亡くなった吉田秀和さんだったら人間とは何かについて音楽とのかかわりから論じられるかもしれませんし、彼の膨大な著作の中にはそういった記述がすでにあるのに、私がその領域について門外漢のために知らないだけかもしれません。

ただ、この2冊の本のどちらもなのですが、残念ながら、対談をした専門家それぞれの話につながりが見られません。それぞれの専門家がお互いの見解を聴いてどう思うかは大変興味があるところです。医学系の学会に参加すると、よくパネルディスカッションという発表形式に遭遇します。これは、講演をした6人くらいの発表者がそれぞれの講演ののちに全員そろって、舞台上に準備されたテーブルの後ろに座って、お互いの発表について会場の参加者とともに討論するというものです。このようなやり方を参考に、本の中でもそれぞれが専門家ですから、お互いの見解について、お互いに討論すればより深い議論ができて、それぞれの考察も有機的につながるのではないかと思います。

さらに興味深い本があります。フランシス・コリンズ著『ゲノムと聖書』[24]（原題は *The Language of God*）です。コリンズは1993年にアメリカ国立ヒトゲノム研究所所長になった医師で、分子遺伝学者です。ヒトゲノム計画を完成させた中心人物で、2003年の発表式典ではホワイトハウスでクリントン大統領の隣に立ちました。2009年にオバマ大統領から指名を受けてアメリカ国立衛生研究所（NIH）所長に就任しています。

ものすごいキャリアの人なので、最初この本は功成り名を遂げた人の成功譚かと思ったのですが、大間違いでした。コリンズは自身の努力、誠実な人柄もさることながら、苛烈な経験をした人で、人間について、科学的にも宗教的にも（キリスト教だけでなく、イスラム教や仏教の立場も踏まえた）深い洞察を加えて、科学と宗教の見解は矛盾するものではなく、お互いに補い合うものではないかと述べています。２００７年刊ですが、米国アマゾンでは現在もよく売れています。コリンズは自分の立場を有神論的進化論としています。有神論的進化論は次の前提の上に成り立つと彼は言います（p.196）。[24]

１　宇宙は、約１４０億年前にまったくの無から生まれた。
２　宇宙の物理定数は、生命が共存できるように寸分の狂いもなく正確に調整されているようだ。
３　地球上での生命の起源の正確なメカニズムはまだ解明されていないものの、生命が現れてからは、進化と自然選択の過程を通して、長期間を経て生物的多様性と複雑性が発達していった。
４　進化の過程が始まってからは、特別な超自然的な介入は必要ない。
５　人間もこの過程の一部であり、類人猿と共通の祖先を持つ。
６　しかし人間には、進化論では説明できない唯一無二の部分もあり、その霊的な性質は他の生物に例を見ない。これには道徳律（善悪を知る知識）や神の探求などが含まれ、歴史を通してすべての人間の文化に見られる特質である。

この本がアメリカでベストセラーになった背景について、訳者あとがきには次のように書かれています（p.280-283より一部を抜粋）(24)。

アメリカは、少なくとも数字を見るかぎり、名実共にキリスト教国であると言っていい。成人人口の約4分の3がキリスト教徒を自認している。成人の約半数が週末ごとに教会に行く。創世記1章の記述を、文字通り6日間（144時間）で神が全宇宙を現在の形に作り上げたと信じている人が人口の半数近くもいるのである。福音主義クリスチャンの一部の人たちは、中絶問題や同性愛問題に対して明確な政治的立場を掲げる人たちも多く、米国社会における保守とリベラルの二極化に拍車をかけている。反進化論運動も本質において純粋な科学の議論であるとは言いがたい。そういう状況で、今回、一流の科学者であり福音派のクリスチャンでもあるコリンズが現代科学の知見を認めつつ、信仰と調和させる『バイオロゴス』モデル（有神論的進化論）を積極的に提示したことは、多くのアメリカ人にとって新鮮であると同時に、安堵の念を持って受け入れられたのではないか。

ただ、コリンズの言う有神論的進化論の上述の前提2については、最新の宇宙論では必ずしもそうではないようです。たとえば青木薫(25)は、宇宙はわれわれの宇宙だけではなく、さまざまな宇宙が無数に存在するという多宇宙ヴィジョンが登場してからは、われわれにとって特別な宇宙だからといって、宇宙はこうでしかありえないと結論するのは論理の飛躍であると言います（p.232）。

青木によれば、多宇宙ヴィジョンのような宇宙論におけるパラダイムの転換は過去に何度かおこっています。銀河系はわれわれの太陽が属する銀河系だけではなく、何千億個もの銀河が広大な宇宙空間に散らばっていることが知られるようになったときもそうでしたし、あるいは「ビッグバン＋インフレーション」モデルが宇宙論の標準モデルとなったときもそうだったわけです。そこで、「宇宙はなぜこのような宇宙なのか」という問いに対する答えは、「われわれは存在可能な宇宙に存在しているだけであって、この宇宙がこのような宇宙なのはたまたまである」となりそうだとのことです。宇宙はなぜこのような宇宙なのかを説明できる可能性のある、ひも（ストリング）理論によれば、宇宙のありようの可能性は10の５００乗通りもあるそうで、その中からわれわれがいる宇宙がこのような宇宙であるのは、たまたまだというのです。多宇宙ヴィジョンを受け入れた物理学者たちは、検証の可能性を探りはじめているそうです[25]（青木薫 p.244）。

以上、性格を決定する遺伝子をさまざまに考察してきましたが、それは人間とは何か、という、はるかな課題にまでつながるものかもしれません。性格の決定について明らかにされなければならない疑問はまだきわめて多数あるとしても、そこへつながるさまざまな手段とヒントは少しずつ集積され、その成果も上がり続けているように思います。最近、トランスオミクス[26]という新しい概念も出されています。これはそれぞれの生体反応について、それを調節するゲノム（ＤＮＡ）、エピゲノム（ＤＮＡ修飾）、トランスクリプトーム（ＲＮＡ）、プロテオーム（タンパク）、メタボローム（代謝産物）の全体を把握して、その全体から説明しようとする、非常に大きな概念です。ここでは、この5つの階層が相互に関連・影響しあっている階層縦断的な（トランス）総体科学（オミクス）と考えられています。確立するまでには長い時間がかかるかもしれませんし、はたしてこの概念でさまざまな生体反応の全体像が過不足なく説明できるのか、その結果、たとえば実際の医療に役立てることが可能になるのかどうかはわかりませんが、やがては目標に到達できるかもしれません。

性格を決める遺伝子について、再びコリンズから引用したいと思います（p.258より一部を抜粋[24]）。

人間の多くの行動特性には遺伝的要因が確かに含まれる。しかし、そういった遺伝的要因も、それだけでは個人の実際の行動パターンを予測することはほとんどできない。環境、特に子供時代の体験や、個人の自由意志による選択が我々の行動に果たす役割は大きい。人間の性格の基盤となるような遺伝的要因について、分子レベルの詳細がこれからもどんどん発見されるだろう。確かに我々は親から一組のトランプカードを配られている。そしてそのカードの内訳はいずれ明らかにされる。しかし、そのカードを用いてどのように勝負するかは、我々次第なのである。

この章のまとめ

・運動は、動物においてもヒトにおいても、簡単で、費用もかからず、生活様式をよりよいものにすることができる手段ということができる。
・マウスでは、回り車を用いたランニングは海馬の神経細胞新生を増加させ、樹状突起にあるスパイン（棘突起。神経細胞の樹状突起や細胞体に存在する小さな突起）を増加させ、シナプスの可塑性を高め、神経栄養因子のレベルを上昇させ、空間記憶を増強する。
・運動によって、神経栄養因子である脳由来神経栄養因子のメッセンジャーＲＮＡとタンパク発現は海馬の、とくに歯状回で増加する。運動によって発現が亢進する多数の遺伝子は脳由来神経栄養因子と相互作用するところから、脳由来神経栄養因子は脳の可塑性において中心的役割を果たしていると考えられる。
・加齢による認知能力の低下の機序の一つが脳由来神経栄養因子レベルの低下で、海馬の機能低下と記憶障害に関連している。
・マウスやラットでは若い脳でも年をとった脳でも、運動は神経細胞新生を2倍以上に高める。運動は歯状回の新しく作られた神経細胞の増殖、生存、分化に影響する。
・アルツハイマー病の危険因子（アポリポ蛋白Ｅ遺伝子のＥ４対立遺伝子型）のキャリアーであっても、毎日運動を1時間以上行う年配者は運動しないヒトに比べて認知能の低下が見られる割合は4分の1である。

・腸内細菌叢は神経系や内分泌系や免疫系を介して中枢神経系と相互作用を行い、脳の機能や行動にも影響すると考えられている。
・ヒトの腸内細菌叢は大まかにはバクテロイデス属、プレボテラ属、ルミノコッカス属に分類できる。腸内細菌叢の構成が破たんすると疾患感受性が高くなる。食事は細菌叢の構成に影響する。
・長期間拘禁されたマウスではバクテロイデス属が減少し、クロストリジウム属が増加している。血液中のインターロイキン6とケモカインCCL2も増加していて、免疫系が活性化していることが示唆される。このような炎症性反応をプロバイオティックな細菌（善玉菌）は抑制する。
・視床下部 - 下垂体 - 副腎系の正常な発達のためには腸内細菌叢が善玉菌によってコロニー化されることが必要である。
・腸内細菌叢 - 腸 - 脳系の機能を調べる研究も行われている。マウスに悪玉菌を感染させると、マウスは不安行動をとるようになり、海馬の脳由来神経栄養因子のメッセンジャーRNAが減少する。
・教育は子どもの性格を決める環境要素としてきわめて重要である。アメリカ小児科学会はプライマリ小児科医（小児科開業医など一次診療を行う小児科医）に向けて読み書きのすすめ（リテラシー・プロモーション）を発表した。アメリカ小児科学会は小児科医が子どもの乳児期から少なくとも幼稚園入園までは、文字を読む能力の発達を促進するように勧めている。

・「世界人権宣言」には、「教育は、人格の完全な発展並びに人権及び基本的自由の尊重の強化を目的としなければならない」と書かれている。不利な養育環境で育つ子どもは、すでに述べたように不利なエピジェネティックな環境にあるとも言える。

・性格決定のうえで遺伝子の影響は大きい。遺伝子研究者たちに通奏低音として流れているものがあり、それは人間とはなにか、について知りたいという知的欲求ではないかと思われる。

・ヒトゲノム計画の中心人物で、ＮＩＨ所長のフランシス・コリンズは人間をどうとらえるかに関して、科学と宗教の見解は矛盾するものではなく、お互いに補い合うものではないかと述べている。

・性格を決定する遺伝子を考察するとき、それは人間とは何か、という、はるかな課題にまでつながるものかもしれない。

この本のまとめ

　この本ではヒトの性格を決める遺伝子の話をめぐって、現在までに明らかになっている発達心理学や行動遺伝学、神経遺伝学など関連する分野の最新の情報を参照しながら論じました。大風呂敷を広げることを許してもらえるならば、性格を決める遺伝子を考える冒険の旅（オデッセイ）と言えるかもしれません。

　出発点は生まれて2日の新生児にすでに気質の違いが生じているのではないかという観察でした。そこから、成人の性格・人格はどう規定するのか、成人の性格特性は何かを見て、赤ちゃんの性格を論じた、発達心理学のマイルストーンというべきチェスとトーマスの考察について述べました。彼らに続くケーガンの仕事、次いでロスバートの仕事を俯瞰しました。これらの先行研究は、赤ちゃんの気質の構成要素をまとめ、それに基づいて赤ちゃんの性格のタイプを分類、そしてその違いがどこから生じるかを考察し、性格の決定に関わる遺伝子や脳回路の解明につながっていきました。

クロニンジャーは性格特性と遺伝子と脳回路の関連をまとめた画期的な仮説を提出し、後年、ハリリはこれに遺伝子の多型を加えました。性格特性遺伝子の研究法として候補遺伝子アプローチがとられたのです。性格特性遺伝子の中でもとくに重要なものは、セロトニン調節遺伝子群です。セロトニン合成に働くトリプトファン水酸化酵素2、セロトニンがシナプス前ニューロンから放出されたのち、それを受け取るセロトニンレセプター群（シナプス後ニューロンだけでなく、シナプス前ニューロンにもあります）、そして放出後にセロトニン量を調節するトランスポーター、さらにレセプターに受け取られたのちにセロトニンを分解するモノアミンオキシダーゼAというように、複雑な遺伝子群が作用しています。

性格や感情や行動に関わる脳領域は多数ありますが、扁桃体、海馬、前頭前皮質などが中心的役割を担っています。扁桃体の主要な役割は、社会行動、感情の調節、報酬の学習です。海馬は記憶、学習、そして自律神経系と神経内分泌系に関与します。これらの中枢でセロトニン調節遺伝子群は作用しています。扁桃体でのセロトニンは不安を増強し、海馬では逆に不安を弱めます。ここで働くセロトニン調節遺伝子群の多型が不安を増強または減弱してヒトの感情を調節し、ヒトの性格をつくっています。また、セロトニン調節遺伝子群は遺伝子の多型によって調節されるだけでなく、DNAを修飾するエピジェネティックスによっても調節されています。

セロトニントランスポーター遺伝子のプロモーター部分のCpGアイランドがメチル化される

とセロトニントランスポーターの発現は低下し、長期的なセロトニンレベルの上昇の結果、心的外傷後ストレス障害（PTSD）やうつの発症につながります。エピジェネティックスはこのほか、多様な遺伝子の発現調節に関与しています。幼若な動物でストレスに対して、海馬内の糖質コルチコイドレセプター遺伝子のプロモーター部分のCpGアイランドのメチル化がおきるとレセプターの発現が減弱して、その結果、遊離糖質コルチコイドが増加して、ストレスが強くなります。

エピジェネティックスはさらに脳由来神経栄養因子遺伝子の発現も調節しています。脳由来神経栄養因子は扁桃体での恐れの記憶の増強や消去に必要ですが、前頭前皮質の脳由来神経栄養因子遺伝子のプロモーターのヒストンのアセチル化は記憶の消去に関わっています。また、海馬のシナプス可塑性の調節には脳由来神経栄養因子遺伝子のメチル化が関与しています。遺伝子発現の調節には、このように遺伝子の多型とエピジェネティックスが深く関わっています。

一卵性双生児は性格特性の研究対象として以前から広く検討されてきましたが、一卵性双生児の性格についてもエピジェネティックスが重要な役割を果たしています。加齢とともにエピジェネティックな影響を受けて（高齢になるまでDNAのメチル化は続きます）、双生児のペアのあいだのDNAメチル化のバラツキは大きくなっていきます。このバラツキの増加は偶然性によるものと、個人の環境の違いによるものが原因と考えられています。一方、個人の生涯の中では、加齢とともに性格が変化する可能性は減少していきます。

以上の研究成果を踏まえて赤ちゃんの気質の違いが生じる原因を考えると、①海馬の糖質コルチコイドレセプター遺伝子のプロモーターのメチル化、②セロトニンレセプター遺伝子の多型、③セロトニントランスポーター遺伝子の多型、④セロトニントランスポーター遺伝子プロモーターのメチル化、⑤モノアミンオキシダーゼA遺伝子の多型、⑥脳由来神経栄養因子遺伝子の多型などの可能性があるのかもしれません。

新生児の気質の違いを説明する可能性から始まって、ヒトの性格を決める遺伝子について考察してきましたが、ヒトの性格をめぐっては、このほかにさまざまな視点から検討することが有用です。

性格を決める遺伝子を調べる方法としては候補遺伝子アプローチが主に行われるのですが、性格を決める遺伝子はきわめて多数あると考えられるので、全ゲノム関連解析法も行われます。全ゲノム関連解析法の場合は、きわめて多数の遺伝子のスニップを調べても、性格を決める要素の一部しか説明できない問題が生じます。この違いがどのように調和して説明できるようになるかは今後の課題です。

さらにエピジェネティックス以外にも、シャーニーはレトロトランスポゾンやコピー数多型やミトコンドリアDNAや染色体異数性の問題があることを指摘し、これらをひっくるめてネオジェノミックスと呼び、一卵性双生児といえどもこの問題からは逃れられないと主張しています。行動遺伝学において、ネオジェノミックスは無視できない論点でしょう。

ヒトの個性・性格と遺伝子の関わりを見るとき、動物におけるそれを知ることも重要です。トリやギンギツネやマウスでは性格の形成が実験され、ヒトの場合と比較されています。トリでも海馬は恐怖の学習に関わっていますし、ギンギツネがヒトに馴れる（馴化）に関連する特定の染色体領域が知られています。マウスでは充実環境（通常に比べて感覚的、認知的、運動的な刺激を高めた住環境）におかれると、よく動いたマウスの場合、海馬の神経細胞の新生が有意に増加していました。また、マウスたちの移動範囲は時間とともに個体差が大きくなり、ヒトにおける性格特性の違いが時間とともに大きくなることと類似する結果でした。

ヒトにおいて性格と関連する、さまざまな要因が検討されています。その一例は運動です。運動によって、脳由来神経栄養因子のメッセンジャーRNAとタンパク発現は海馬の、とくに歯状回で増加します。運動によって発現が亢進する多数の遺伝子は脳由来神経栄養因子と相互作用するところから、脳由来神経栄養因子は脳の可塑性において中心的役割を果たしていると考えられています。運動は、簡単で、費用もかからず、生活様式をよりよいものにすることができる手段ともいえるでしょう。

腸内細菌叢の問題も重要です。腸内細菌叢は神経系や内分泌系や免疫系を介して中枢神経系と相互作用を行い、脳の機能や行動にも影響すると考えられています。そして、視床下部-下垂体-副腎系の正常な発達のためには、腸内細菌叢が善玉菌によってコロニー化されることが必要です。腸内細菌叢-腸-脳系の機能を調べる研究も行われています。マウスに宿主の健康維持に害を及ぼす、いわゆる悪玉菌を感染させると、マウスは不安行動をとるようになり、海馬の脳由来神経栄養因子のメッセンジャーRNAが減少します。

さらに、ヒトの性格を決める要因として教育があります。「世界人権宣言」に、「教育は、人格の完全な発展並びに人権及び基本的自由の尊重の強化を目的としなければならない。」と書かれているように、教育の問題も十分考慮される必要があります。不利な養育環境で育つ子どもは、すでに述べたように不利なエピジェネティックな環境にあるともいえるでしょう。

これまで述べてきたように、性格決定のうえで遺伝子の影響は大きいと言わなくてはなりません。ところで、広く遺伝子研究者たちに通奏低音として流れているものは、人間とはなにか、について知りたいという知的欲求ではないかと思います。ヒトゲノム計画の中心人物で、NIH所長のフランシス・コリンズは人間をどうとらえるかに関して、科学と宗教の見解は矛盾するものではなく、お互いに補い合うものではないかと述べています。性格を決定する遺伝子を考察するとき、それは人間とは何者なのか、という、はるかな課題にまでつながるものかもしれないと考えられます。


稿を終えるにあたり、有益な討論・助言をいただいた熊本大学文学部総合人間学科教授積山薫先生、北海道医療大学前学長松田一郎先生、熊本大学大学院生命科学研究部小児科学教授遠藤文夫先生、そして新曜社社長塩浦暲様に深謝致します。

新曜社の本

遺伝子は私たちをどこまで支配しているか
DNAから心の謎を解く
W・R・クラーク、M・グルンスタイン
鈴木光太郎 訳
四六判432頁
本体3800円

遺伝子と文化選択
「サル」から「人間」への進化
帯刀益夫
四六判264頁
本体2600円

性格とはなんだったのか
心理学と日常概念
渡邊芳之
四六判226頁
本体2200円

性格を科学する心理学のはなし
血液型性格判断に別れを告げよう
小塩真司
四六判208頁
本体2200円

■社会脳シリーズ　苧阪直行 編　四六判

1　社会脳科学の展望　脳から社会をみる　272頁・2800円
2　道徳の神経哲学　神経倫理からみた社会意識の形成　274頁・2800円
3　注意をコントロールする脳　神経注意学からみた情報の選択と統合　306頁・3200円
4　美しさと共感を生む脳　神経美学からみた芸術　198頁・2200円
5　報酬を期待する脳　ニューロエコノミクスの新展開　200頁・2200円
6　自己を知る脳・他者を理解する脳　神経認知心理学からみた心の理論の新展開　336頁・3600円
7　小説を愉しむ脳　神経文学という新たな領域　236頁・2600円
8　成長し衰退する脳　神経発達学と神経加齢学　408頁・4500円
9　ロボットと共生する社会脳　神経社会ロボット学　近刊

＊表示価格は消費税を含みません。

著者紹介

土屋廣幸（つちや・ひろゆき）
略歴：ラ・サール高校卒、熊本大学医学部卒、熊本大学大学院医学研究科修了、熊本大学医学部小児科助手、米国テキサス大学M.D.アンダーソンがんセンター留学、NTT九州病院小児科部長をへて現職。
現職：福田病院小児科健診部長（医師、医学博士）
専門：小児科学
現在、新生児の出生数が年間3400人と日本で一番多い病院で、乳児健診を行うとともに、発達心理学の学際的アプローチに興味を持っている。小児血液学、遠隔医療、小児発達学についての論文多数。
著書：単著『混迷の時代を生きる君へ』（2011年）、ほか共著3冊（うち2冊は英文）

性格はどのようにして決まるのか
遺伝子、環境、エピジェネティックス

初版第1刷発行　2015年5月15日

著　者　土屋廣幸
発行者　塩浦　暲
発行所　株式会社　新曜社
101-0051　東京都千代田区神田神保町3-9
電話（03）3264-4973（代）・FAX（03）3239-2958
e-mail：info@shin-yo-sha.co.jp
URL：http://www.shin-yo-sha.co.jp/

印　刷　新日本印刷
製　本　イマヰ製本所

ISBN978-4-7885-1436-2　C1011

人名索引

カスピ　Avshalom Caspi　21, 114
クロニンジャー　C. Robert Cloninger　38, 39, 84, 172
ケーガン　Jerome Kagan　14, 25-28, 32, 33, 48, 60, 130, 171
コリンズ　Francis Collins　76, 162-164, 166, 169, 176
シャーニー　Evan Charney　24, 80, 103-105, 107-114, 117, 132, 174
チェス　Stella Chess　4, 14-17, 19-21, 25, 32, 94, 130, 171
トーマス　Alexander Thomas　4, 14-17, 19-21, 25, 32, 94, 130, 171
パブロフ　Ivan Petrovich Pavlov　16, 33, 34, 73
ハリリ　Ahmad R. Hariri　39, 84, 172
プローミン　Robert Plomin　103
ミーニー　Michael J. Meaney　55, 58, 93
メンデル　Gregor Johann Mendel　107
ロスバート　Mary K. Rothbart　27, 31-33, 130, 171

事項索引

■アルファベット
5-HTTLPR　Serotonin transporter gene-linked polymorphic region　49
CpG アイランド　CpG island　9, 81-83, 86, 92, 172, 173
G × E（ジー・バイ・イー）　Gene by environment　10, 22, 52
PET スキャン（ポジトロン断層法）　Positron emission tomography scan　120, 121, 133
X 染色体　X chromosome　51, 99, 106

■あ行
悪玉菌　Bad bacteria　168, 175
アセチル化　Acetylation　9, 57, 63, 66, 92, 106, 144, 173
アミン　Amine　34, 51
アルファパワー　Alpha power　27, 28
アンチセンス配列　Antisense sequence　47, 87
一卵性双生児　Monozygotic twins　7-10, 24, 77, 104, 117, 130, 173
遺伝子環境相互作用　Gene-environment interaction　10, 37, 52, 60, 104
イントロン　Intron　39, 87
インプリンティング　Imprinting　77, 79-80, 132
うつ　Depression　22, 49, 50, 60, 64, 81, 86, 89, 91, 99, 139, 145, 153
エクソン　Exon　35, 63, 87, 92, 101
エピゲノム　Epigenome　67, 76, 165
エピジェネティックス　Epigenetics　9, 37, 92, 103, 106, 117, 130, 144, 172
恐れ　Fear　30, 31, 64, 123, 173
おばあさん細胞　Grand-mother cell　114

■か行
海馬　Hippocampus　47, 54, 57, 64, 85, 93, 122, 131, 139, 167, 172
拡散テンソル MR　Diffusion tensor MR　142
覚醒群　Aroused　26, 32
可塑性　Plasticity　64, 67, 114, 137, 167, 173, 175
悲しみ群　Distressed　26, 32
加齢　Aging　9, 77, 86, 114, 140, 142, 167, 173
危害からの逃避　Harm avoidance　38, 59, 84

機能的磁気共鳴画像　Functional magnetic resonance imaging (fMRI)　30, 49, 139
虐待　Abuse　22, 51, 58, 85, 94
クロス・フォスタリング　Cross-fostering　56, 70
血液脳関門　Blood-brain barrier　102, 140
血管新生　Angiogenesis　138, 143
ゲノム　Genome　36, 48, 57, 67, 76, 77, 97, 165
鉱質コルチコイドレセプター　Mineralocorticoid receptor　53, 54
行動傾向　Behavioral trait　5, 39, 85
高反応群　High-reactives　26, 29, 32, 48
候補遺伝子アプローチ　Candidate gene approach　48, 97, 172, 174
コピー　Copy　22, 35, 105

■さ行

作業記憶（ワーキングメモリ）　Working memory　146, 150
磁気共鳴分光　Magnetic resonance spectroscopy (MRS)　142
自己レセプター　Autoreceptor　35, 49, 89
自殺　Suicide　27, 58, 64, 67, 94
視床下部 - 下垂体 - 副腎系　Hypothalamic-pituitary-adrenal axis　53, 84, 149, 168, 175
次世代シークエンサー　Next-generation sequencer　98
シナプス　Synapse　34, 38, 44, 62, 84, 90, 138, 141, 167
自閉症　Autism　152
充実環境　Enriched environment　128, 135, 138, 175
馴化　Domestication　122, 133
常染色体　Autosomal chromosome　35, 77, 99, 105
衝動性　Impulsivity　39, 41, 84
新奇性探求　Novelty seeking　38, 50
神経細胞　Neuron　26, 34, 106, 117, 128, 134, 138, 141, 167
神経細胞新生　Neurogenesis　138, 141, 144, 151, 167
神経伝達物質　Neurotransmitter　34, 38, 40, 51, 84, 90, 141
新生児マススクリーニング　Neonatal mass screening　101
心拍数　Heart rate　27, 29
ストレス　Stress　22, 49, 53, 55, 59, 62, 84, 92, 129, 134, 139, 148, 173
スニップ　Single nucleotide polymorphism (SNP)　39, 48, 87, 99, 103, 144, 174
スパイン　Spine　138, 167
精神分析　Psychoanalysis　15, 33
世界人権宣言　The Universal Declaration of Human Rights　158, 169, 176

接近と回避　Approach and avoidance　4, 18, 95
セロトニン　Serotonin　22, 34, 38, 40, 42, 57, 81, 84, 98, 120, 124, 133, 150, 172
セロトニントランスポーター　Serotonin transporter　22, 34, 44, 91
セロトニントランスポータープロモーター　Serotonin transporter promoter　22, 49, 59, 86, 91, 172
セロトニンレセプター　Serotonin receptor　28, 39, 44, 90, 134, 174
全ゲノム関連解析法　Genome-wide association study (GWAS)　48, 97, 174
前初期遺伝子　Immediate early gene　141
センス配列　Sense sequence　47, 87
善玉菌　Probiotic; Good bacteria　148, 151, 168, 175
先天代謝異常スクリーニング　Congenital metabolic disorder screening　101
前頭葉前野　Prefrontal cortex　26, 48
育てにくい子　Difficult child　20, 32
育てやすい子　Easy child　19, 32

■た行

対立遺伝子　Allelic gene　22, 41, 81, 89, 144
多型　Polymorphism　22, 39, 41, 46, 84, 87, 88, 172, 174
戦うか逃げるか　Fight-or-flight　26, 92
単一遺伝子異常　Single-gene abnormality　101, 116
タンデムリピート　Tandem repeat　41, 51, 83, 106
知的関与仮説　Intellectual engagement hypothesis　138
腸内細菌叢　Bacterial flora　147, 148, 152, 168, 175
低反応群　Low-reactives　26, 30, 32, 48
適合度　Goodness-of-fit　3
糖質コルチコイド　Glucocorticoid　53, 57, 84, 92, 173
糖質コルチコイドレセプター　Glucocorticoid receptor　53, 55, 70, 83, 85, 92, 159, 173
ドーパミン　Dopamine　29, 34, 38, 41, 84, 146
ドーパミンレセプター　Dopamine receptor　50
トランスオミクス　Trans-omics　102, 165
トランスクリプトーム解析　Transcriptome characterization　127, 135
トリプトファン水酸化酵素 2　Tryptophan hydroxylase 2　44, 47, 84, 125, 142, 172

■な行
慣れるのに時間がかかる子　Slow-to-warm-up child　20, 32
ニューヨーク縦断研究　New York Longitudinal Study　17, 19, 21
ネオジェノミックス　Neogenomics　10, 35, 80, 103, 117, 130, 174
脳回路　Brain circuitry　37, 172
脳幹聴覚反応　Brain-stem auditory evoked response　27, 33
脳波　Electroencephalogram　27, 48
脳由来神経栄養因子　Brain-derived neurotrophic factor (BDNF)　62, 83, 85, 87, 92, 140, 145, 149, 167, 173
ノルエピネフリン　Norepinephrine　38, 51, 53, 84

■は行
発達心理学　Developmental psychology　vii, 13, 59, 109, 130, 171
パラビオーシス　Parabiosis　142
ヒストン　Histone　9, 11, 63, 69, 92, 144, 173
ビッグ・ファイブ　Big five　13, 21, 23, 25, 32
不安　Anxiety　22, 30, 39, 42, 57, 60, 84, 90, 98, 103, 128, 134, 150, 159, 172
不安傾向　Trait anxiety　39, 59, 84, 87, 89
フェニルケトン尿症　Phenylketonuria　101, 116
腹側線条体　Ventral striatum　41
プロモーター　Promoter　22, 35, 49, 85, 91
辺縁系　Limbic system　43, 62, 133
報酬系　Reward system　38

■ま行
無菌マウス　Germ-free mouse　149
無病原菌マウス　Specific-pathogen-free mouse　149
メタ分析　Meta-analysis　50, 88, 99
メチル化　Methylation　9, 55, 59, 64, 77, 81, 85, 92, 106, 159, 172
メッセンジャー RNA　Messenger RNA　35, 40, 47, 58, 62, 81, 87, 91, 140, 151, 167, 175
モノアミンオキシダーゼ A　Monoamine oxidase A　22, 34, 44, 51, 83, 84, 90, 172, 174

■や行
読み書き　Literacy　154, 168

文　献

第1章　個性の誕生

(1) Tsuchiya, H. (2011). Emergence of temperament in the neonate: Neonates who cry longer during their first bath still cry longer at their next bathings. *Infant Behav. Dev., 34*, 627- 631.

(2) Tsuchiya, H. (2013). Personality in neonates. In Morris, E. F. & Jackson, M.-A. (Eds.) *Psychology of Personality*. pp 23-40. New York: Nova Science Publishers.

(3) Tsuchiya, H. (2015). Neonatal temperament: From phenomenology to mechanism. In Wright, J. D. (editor-in-chief), *International Encyclopedia of Social and Behavioral Sciences*, 2nd Edition. Amsterdam: Elsevier.

(4) Chess, S., & Thomas, A. (1996). *Temperament: Theory and practice*. New York: Brunner/Mazel.

(5) Cox, J., & Holden, J. (2003). *Perinatal Mental Health: A guide to the Edinburgh Postnatal Depression Scale*. London: Gaskell.

第2章　遺伝子は性格の50%を決める？

(1) スーザン・ノーレン・ホークセマほか／内田一成（監訳）(2012).『ヒルガードの心理学』第15版，金剛出版．

(2) Tellegen, A., et al. (1988). Personality similarity in twins reared apart and together. *J. Pers. Soc. Psychol., 54*, 1031-1039.

(3) Bouchard, T. J. Jr., & McGue, M. (2003). Genetic and environmental influences on human psychological differences. *J. Neurobiol., 54*, 4-45.

第3章　赤ちゃんの気質 ── 発達心理学からのアプローチ

(1) スーザン・ノーレン・ホークセマほか／内田一成（監訳）(2012).『ヒルガードの心理学』第15版，金剛出版．

(2) Chess, S., & Thomas, A. (1996). *Temperament: Theory and practice*. New York: Brunner/Mazel.
(3) Kagan, J. (2010). *The Temperamental Thread: How genes, culture, time, and luck make us who we are*. New York: Dana Press.
(4) http://www.temperament.com/orbit.html
(5) http://www.nytimes.com/2007/03/22/nyregion/22chess.html
(6) Caspi, A., et al. (2010). Genetic sensitivity to the environment: The case of the serotonin transporter gene and its implications for studying complex diseases and traits. *Am. J. Psychiatry, 167*, 509-527.
(7) Charney, E. (2012). Behavior genetics and postgenomics. *Behav. Brain Sci., 35*, 331-410.
(8) Rothbart, M. K. (2011). *Becoming Who We Are*. New York: Guilford Press.
(9) http://www8.cao.go.jp/jisatsutaisaku/whitepaper/index-w.html
(10) Davidson, R. J., & Fox, N. A. (1989). Frontal brain asymmetry predicts infants' response to maternal separation. *J. Abnorm. Psychol., 98*, 127-131.
(11) Bismark, A. W., et al. (2010). Polymorphisms of the HTR1a allele are linked to frontal brain electrical asymmetry. *Biol. Psychol., 83*, 153-158.
(12) Woodward, S. A., et al. (2001). Infant temperament and the brainstem auditory evoked response in later childhood. *Dev. Psychol., 37*, 533-538.
(13) Macedo, C. E., et al. (2005). Aversive stimulation of the inferior colliculus changes dopamine and serotonin extracellular levels in the frontal cortex: Modulation by the basolateral nucleus of amygdala. *Synapse, 55*, 58-66.
(14) Tsuchiya, H., et al. (2006). Newborn hearing screening in a single private Japanese obstetric hospital. *Pediatr. Int., 48*, 604-607.
(15) Werner, E. A., et al. (2007). Prenatal predictors of infant temperament. *Dev. Psychobiol., 49*, 474-484.
(16) Eimer, M. & Holmes, A. (2007). Event-related brain potential

correlates of emotional face processing. *Neuropsychologia, 45*, 15-31.
(17) Kagan, J. (2002). Childhood predictors of states of anxiety. *Dialogues Clin. Neurosci., 4*, 287-293.
(18) Adolphs, R. (2010). What does the amygdala contribute to social cognition? *Ann. NY Acad. Sci., 1191*, 42-61.
(19) M・F・ベアーほか／加藤宏司ほか（訳）(2007).『神経科学』西村書店 .
(20) Shaw, P. J. (1999). Motor neurone disease. *BMJ., 318*, 1118-1121.
(21) Nelson, N. (1998). The family of Na+/Cl- neurotransmitter transporters. *J. Neurochem., 71*, 1785-1803.
(22) Gainetdinov, R. R., & Caron, M. G. (2003). Monoamine transporters: From genes to behavior. *Annu. Rev. Pharmacol., Toxicol. 43*, 261-284.
(23) T・ストラッカンほか／村松正實ほか（訳）(2011).『ヒトの分子遺伝学』第 4 版 , メディカルサイエンスインターナショナル .

第4章　表現型から遺伝子型、脳回路、そしてエピジェネティックスへ

(1) Cloninger, C. R. (1987). A systematic method for clinical description and classification of personality variants. A proposal. *Arch. Gen. Psychiatry, 44*, 573-588.
(2) Heck, A., et al. (2009). Investigation of 17 candidate genes for personality traits confirms effects of the HTR2A gene on novelty seeking. *Genes Brain Behav., 8*, 464-472.
(3) http://en.wikipedia.org/wiki/DbSNP
(4) Hariri, A. R. (2009). The neurobiology of individual differences in complex behavioral traits. *Annu. Rev. Neurosci., 32*, 225-247.
(5) Graeff, F. G., & Zangrossi, H. Jr. (2010). The dual role of serotonin in defense and the mode of action of antidepressants on generalized anxiety and panic disorders. *Cent. Nerv. Syst. Agents Med. Chem., 10*, 207-217.
(6) M・F・ベアーほか／加藤宏司ほか（監訳）(2007).『神経科学』西村書店 .
(7) Kuhn, D. M., et al. (1985). 5-Hydroxytryptamine release in vivo from

a cytoplasmic pool: Studies on the 5-HT behavioural syndrome in reserpinized rats. *Br. J. Pharmacol., 84*, 121-129.

(8) Li, Q., et al. (2012). Anxiolytic effects of 5-HT1A receptors and anxiogenic effects of 5-HT2C receptors in the amygdala of mice. *Neuropharmacology, 62*, 474-484.

(9) Inoue H, et al. (2010). Effect of tryptophan hydroxylase-2 gene variants on amygdalar and hippocampal volumes. *Brain Res., 1331*, 51-57.

(10) Hariri, A. R., & Holmes, A. (2006). Genetics of emotional regulation: The role of the serotonin transporter in neural function. *Trends Cogn. Sci., 10*, 182-191.

(11) Lemonde, S., et al. (2003). Impaired repression at a 5-hydroxytryptamine 1A receptor gene polymorphism associated with major depression and suicide. *J. Neurosci., 23*, 8788-8799.

(12) Kim, H. S., et al. (2010). Culture, serotonin receptor polymorphism and locus of attention. *Soc. Cogn. Affect. Neurosci., 5*, 212-218.

(13) Bismark, A. W., et al. (2010). Polymorphisms of the HTR1a allele are linked to frontal brain electrical asymmetry. *Biol. Psychol., 83*, 153-158.

(14) Kagan, J. (2010). *The Temperamental Thread: How genes, culture, time, and luck make us who we are*. New York: Dana Press.

(15) Munafò, M. R., et al. (2008). Serotonin transporter (5-HTTLPR) genotype and amygdala activation: A meta-analysis. *Biol. Psychiatry, 63*, 852-857.

(16) Ebstein, R. P., et al. (1998). Dopamine D4 receptor and serotonin transporter promoter in the determination of neonatal temperament. *Mol. Psychiatry, 3*, 238-246.

(17) Risch, N., et al. (2009). Interaction between the serotonin transporter gene (5-HTTLPR), stressful life events, and risk of depression: A meta-analysis. *JAMA, 301*, 2462-2471.

(18) Pickles, A., et al. (2013). Evidence for interplay between genes and parenting on infant temperament in the first year of life: Monoamine

oxidase A polymorphism moderates effects of maternal sensitivity on infant anger proneness. *J. Child Psychol. Psychiatry, 54*, 1308-1317.

(19) Rifkin-Graboi, A., et al. (2009). Neurobiology of stress in infancy. In C.H. Zeanah, Jr. (Ed.), *Handbook of Infant Mental Health*, 3rd ed. (pp.59-79). New York: Guilford Press.

(20) Lyons, D. M., et al. (2010). Stress coping stimulates hippocampal neurogenesis in adult monkeys. *Proc. Natl. Acad. Sci. USA, 107*, 14823-14827.

(21) Herman, J. P., et al. (2005). Limbic system mechanisms of stress regulation: Hypothalamo-pituitary-adrenocortical axis. *Prog. Neuropsychopharmacol. Biol. Psychiatry, 29*, 1201-1213.

(22) Weaver, I. C. G., et al. (2004). Epigenetic programming by maternal behavior. *Nat. Neurosci., 7*, 847-854.

(23) Meaney, M. J., & Szyf, S. (2005). Environmental programming of stress responses through DNA methylation: Life at the interface between a dynamic environment and a fixed genome. *Dialogues Clin. Neurosci., 7*, 103-123.

(24) Weaver, I. C. G., et al. (2007). The transcriptional factor nerve growth factor-inducible protein A mediates epigenetic programming: Altering epigenetic marks by immediate-early genes. *J. Neurosci., 27*, 1756-1768.

(25) McGowan, P. O., et al. (2009). Epigenetic regulation of the glucocorticoid receptor in human brain associates with childhood abuse. *Nat. Neurosci., 12*, 342-348.

(26) Dias, B. G., & Ressler, K. J. (2014). Parental olfactory experience influences behavior and neural structure in subsequent generations. *Nat. Neurosci., 17*, 89-96.

(27) van IJzendoorn, M.H., et al. (2010). Methylation matters: Interaction between methylation density and serotonin transporter genotype predicts unresolved loss or trauma. *Biol. Psychiatry, 68*, 405-407.

(28) Youngson, N. A., & Whitelaw, E. (2008). Transgenerational epigenetic effects. *Annu. Rev. Genomics Hum. Genet., 9*, 233-257.
(29) Franklin, T. B., et al. (2010). Epigenetic transmission of the impact of early stress across generations. *Biol. Psychiatry, 68*, 408-415.
(30) Luby, J. L., et al. (2012). Maternal support in early childhood predicts larger hippocampal volumes at school age. *Proc. Natl. Acad. Sci. USA, 109*, 2854-2859.
(31) Naumova, O. Y., et al. (2011). Differential patterns of whole-genome DNA methylation in institutionalized children and children raised by their biological parents. *Dev. Psychopathol., Nov 29*, 1-13.
(32) Beach, S. R., et al. (2010). Methylation at SLC6A4 is linked to family history of child abuse: An examination of the Iowa Adoptee sample. *Am. J. Med. Genet. B Neuropsychiatr. Genet., 153B*, 710-713.
(33) Homberg, J. R., & Lesch, K. P. (2011). Looking on the bright side of serotonin transporter gene variation. *Biol. Psychiatry, 69*, 513-519.
(34) Eley, T. C., et al. (2004). Gene-environment interaction analysis of serotonin system markers with adolescent depression. *Mol. Psychiatry, 9*, 908-915.
(35) Boulle, F., et al. (2012). Epigenetic regulation of the BDNF gene: Implications for psychiatric disorders. *Mol. Psychiatry, 17*, 584-596.
(36) Chen, Z. Y., et al. (2006). Genetic variant BDNF (Val66Met) polymorphism alters anxiety-related behavior. *Science, 314*, 140-143.
(37) Felmingham, K. L., et al. (2013). The brain-derived neurotrophic factor Val66Met polymorphism predicts response to exposure therapy in posttraumatic stress disorder. *Biol. Psychiatry, 73*, 1059-1063.
(38) Dias, B. G., & Ressler, K. J. (2014). Parental olfactory experience influences behavior and neural structure in subsequent generations. *Nat. Neurosci., 17*, 89-96.
(39) Jones, S. V., et al. (2008). Learning-dependent structural plasticity in the adult olfactory pathway. *J. Neurosci., 28*, 13106-13111.

(40) スーザン・ノーレン・ホークセマほか／内田一成（監訳）(2012).『ヒルガードの心理学』第 15 版 , 金剛出版 .

(41) Szyf, M. (2014). Lamarck revisited: Epigenetic inheritance of ancestral odor fear conditioning. *Nat. Neurosci., 17*, 2-4.

(42) 宮田隆 (2014).『分子からみた生物進化 ―― ＤＮＡが明かす生物の歴史』講談社 .

(43) 榊佳之 (2007).『ゲノムサイエンス ―― ゲノム解読から生命システムの解明へ』講談社 .

(44) フランシス・コリンズ ／中村昇・中村佐知（訳）(2008).『ゲノムと聖書』ＮＴＴ出版 .

(45) 太田邦史 (2013).『エピゲノムと生命』講談社 .

(46) Talens, R. et al. (2012). Epigenetic variation during the adult lifespan: Cross-sectional and longitudinal data on monozygotic twin pairs. *Aging Cell, 11*, 694-703.

(47) 末武勲・田嶋正二 (2008).「ゲノムＤＮＡのメチル化修飾の形成と維持の機構」『蛋白質・核酸・酵素』*53*, 823-829.

(48) Charney, E. (2012). Behavior genetics and postgenomics. *Behav. Brain Sci., 35*, 331-410.

(49) Zhao, J., et al. (2013). Association between promoter methylation of serotonin transporter gene and depressive symptoms: A monozygotic twin study. *Psychosom. Med., 75*, 523-529.

(50) 伊藤環ほか (2010).「ケミカルエピジェネティクス ―― 化合物によるエピジェネティクス情報の制御」『実験医学』*28*, 2442-2450.

(51) Stafford, J. M., et al. (2012). Increasing histone acetylation in the hippocampus-infralimbic network enhances fear extinction. *Biol. Psychiatry, 72*, 25-33.

(52) Brown, S. M., et al. (2005). A regulatory variant of the human tryptophan hydroxylase-2 gene biases amygdala reactivity. *Mol. Psychiatry, 10*, 884-888

(53) Tsuchiya, H. (2015). Neonatal temperament: From phenomenology

to mechanism. In Wright, J. D. (editor-in-chief), *International Encyclopedia of Social and Behavioral Sciences*, 2nd edition. Amsterdam: Elsevier.
(54) Shepherd, E. J., et al. (2004). Stress and glucocorticoid inhibit apical GLUT2 - trafficking and intestinal glucose absorption in rat small intestine. *Journal of Physiology, 560*, 281-290.

第5章　候補遺伝子アプローチと全ゲノム関連解析法のあいだ

(1) Charney, E. (2012). Behavior genetics and postgenomics. *Behav. Brain Sci., 35*, 331-410.
(2) Plomin, R. (2013). Child development and molecular genetics: 14 years later. *Child Dev., 84*, 104-120.
(3) Zhang, G., et al. (2012). Finding missing heritability in less significant loci and allelic heterogeneity: Genetic variation in human height. *PloS one, 7*(12), e51211.
(4) Ripke, S., et al. (2013). A mega-analysis of genome-wide association studies for major depressive disorder. *Mol. Psychiatry, 18*, 497-511.
(5) Phenylalanine Hydroxylase Locus Knowledgebase. http://www.pahdb.mcgill.ca/
(6) Scriver, C. R., & Waters, P. J. (1999). Monogenic traits are not simple: Lessons from phenylketonuria. *Trends Genet., 15*, 267-272.
(7) Summers, K. M. (1996). Relationship between genotype and phenotype in monogenic diseases: Relevance to polygenic diseases. *Hum. Mutat., 7*, 283-293.
(8) 黒田真也ほか（編）(2014).『実験医学』5 月号 , Vol.32, No.8「トランスオミクスで生命の地図を描け！」羊土社 .
(9) Maher, B. (2008). The case of the missing heritability. *Nature, 456*, 18-21.
(10) Talens, R. et al. (2012). Epigenetic variation during the adult lifespan: Cross - sectional and longitudinal data on monozygotic twin

pairs. *Aging Cell, 11*, 694-703.
(11) スーザン・ノーレン・ホークセマほか／内田一成（監訳）(2012).『ヒルガードの心理学』第 15 版 , 金剛出版 .
(12) K・ガシュラー (2006).「再燃する『おばあさん細胞』論争 —— 脳から見た心の世界 part 2」『日経サイエンス』
(13) Q・キローガ (2013).「記憶の引き出し『コンセプト細胞』」『日経サイエンス』5 月号 , pp. 69-75.
(14) T・ストラッカンほか／村松正實ほか（訳）(2011).『ヒトの分子遺伝学』第 4 版 , メディカルサイエンスインターナショナル .

第6章　動物の個性・性格

(1) T . X . バーバー／笠原敏雄（訳）(2008).『もの思う鳥たち —— 鳥類の知られざる人間性』日本教文社 .
(2) Cross, D. J., et al. (2013). Distinct neural circuits underlie assessment of a diversity of natural dangers by American crows. *Proc. R. Soc. Lond., B, Biol. Sci., 280*, 20131046.
(3) ウィキペディア「アカギツネ」
(4) ウィキペディア「キタキツネ」
(5) Trut, L. (1999). Early canid domestication: The farm-fox experiment. *Am. Sci., 87*, 160-169.
(6) Kukekova, A. V., et al. (2012). Genetics of behavior in the silver fox. *Mamm. Genome, 23*, 164-177.
(7) Kukekova, A. V., et al. (2011). Sequence comparison of prefrontal cortical brain transcriptome from a tame and an aggressive silver fox (Vulpes vulpes). *BMC Genomics, 12*, 482.
(8) Drago, A., & Serretti, A. (2009). Focus on HTR2C: A possible suggestion for genetic studies of complex disorders. *Am. J. Med. Genet. B Neuropsychiatr. Genet., 150*, 601-637.
(9) Pytliak, M., et al. (2011). Serotonin receptors - from molecular biology to clinical applications. *Physiol. Res., 60*, 15-25.

(10) Walker, M. D., & Mason, G. (2011). Female C57BL/6 mice show consistent individual differences in spontaneous interaction with environmental enrichment that are predicted by neophobia. *Behav. Brain Res., 224*, 207-212.
(11) Freund, J., et al. (2013). Emergence of individuality in genetically identical mice. *Science, 340*, 756-759.
(12) The Jackson laboratory.
http://research.jax.org/grs/type/inbred/
(13) 丸尾猛ほか（編）(2004).『標準産科婦人科学』第 3 版 , 医学書院 .
(14) 巌佐庸ほか（編）(2013).『岩波生物学辞典』第 5 版 , 岩波書店 .

第7章　性格をめぐるさまざまな話題

(1) Voss, M. W., et al. (2013). Bridging animal and human models of exercise-induced brain plasticity. *Trends Cogn. Sci., 17*, 525-544.
(2) 巌佐庸ほか（編）(2013).『岩波生物学辞典』第 5 版 , 岩波書店 .
(3) Nithianantharajah, J., & Hannan, A. J. (2006). Enriched environments, experience-dependent plasticity and disorders of the nervous system. *Nat. Rev. Neurosci., 7*, 697-709.
(4) Elsner, V. R., et al. (2013). Exercise induces age-dependent changes on epigenetic parameters in rat hippocampus: A preliminary study. *Exp. Gerontol., 48*, 136-139.
(5) Lovatel, G. A., et al. (2013). Treadmill exercise induces age-related changes in aversive memory, neuroinflammatory and epigenetic processes in the rat hippocampus. *Neurobiol. Learn. Mem., 101*, 94-102.
(6) Stroth, S., et al. (2010). Impact of aerobic exercise training on cognitive functions and affect associated to the COMT polymorphism in young adults. *Neurobiol. Learn. Mem., 94*, 364-372.
(7) Haskell, W. L., et al. (2007). Physical activity and public health: Updated recommendation for adults from the American College of Sports Medicine and the American Heart Association. *Med. Sci. Sports*

Exerc., 39, 1423-1434.
(8) Cryan, J. F., & Dinan, T. G. (2012). Mind-altering microorganisms: The impact of the gut microbiota on brain and behaviour. *Nat. Rev. Neurosci., 13*, 701-712.
(9) Bercik, P. et al. (2011). The intestinal microbiota affect central levels of brain-derived neurotropic factor and behavior in mice. *Gastroenterology, 141*, 599-609.
(10) 五十嵐隆（編）(2011).『小児科学』改訂第 10 版 , 文光堂 .
(11) 門脇孝ほか（編）(2012).『カラー版内科学』西村書店 .
(12) http://pediatrics.aappublications.org/content/early/2014/06/19/peds.2014 1384
(13) 坪田信貴 (2013).『学年ビリのギャルが 1 年で偏差値を 40 上げて慶應大学に現役合格した話』ＫＡＤＯＫＡＷＡ／アスキー・メディアワークス .
(14) 速水健朗 (2014).「売れてる本」朝日新聞記事 , 2014 年 4 月 27 日 .
(15) ウィキペディア「少年兵」
(16) http://dl.med.or.jp/dl-med/wma/helsinki2008j.pdf
(17) http://www.mofa.go.jp/mofaj/gaiko/udhr/1b_002.html
(18) http://www.unicef.or.jp/about_unicef/about_rig_all.html
(19) ウィキペディア「われわれはどこから来たのか われわれは何者か われわれはどこへ行くのか」
(20) 宮田隆 (2014).『分子からみた生物進化 ―― ＤＮＡが明かす生物の歴史』講談社 .
(21) 太田邦史 (2013).『エピゲノムと生命』講談社 .
(22) 夢枕獏ほか (2014).『人間って何ですか？』集英社 .
(23) 吉成真由美（編）(2012).『知の逆転』ＮＨＫ出版 .
(24) フランシス・コリンズ／中村昇・中村佐知（訳）(2008).『ゲノムと聖書』ＮＴＴ出版 .
(25) 青木薫 (2013).『宇宙はなぜこのような宇宙なのか』講談社 .
(26) 黒田真也ほか（編）(2014).「トランスオミクスで生命の地図を描け！」『実験医学』5 月号 , Vol.*32*, No.8. 羊土社 .